“爆火的秘诀”丛书

抖音快速涨粉高阶玩法

陈海涛◎著

扫码查看

▶ 火速涨粉真经

▶ 抖音流量秘籍

▶ 达人爆火指南

SPM 南方传媒 | 广东经济出版社

·广州·

图书在版编目（CIP）数据

抖音快速涨粉高阶玩法 / 陈海涛著 . —广州：广东经济出版社，2024.1

（“爆火的秘诀”丛书）

ISBN 978-7-5454-8953-8

Ⅰ.①抖… Ⅱ.①陈… Ⅲ.①网络营销 Ⅳ.① F713.365.2

中国国家版本馆 CIP 数据核字（2023）第 154884 号

责任编辑：蒋先润　谢善德

责任技编：陆俊帆

抖音快速涨粉高阶玩法

DOUYIN KUAISU ZHANGFEN GAOJIE WANFA

出版发行：广东经济出版社（广州市水荫路 11 号 11 ～ 12 楼）

印　　刷：广东鹏腾宇文化创新有限公司

（广东省珠海市高新区唐家湾镇科技九路 88 号 10 栋）

开　　本：	730 毫米 ×1020 毫米　1/16	**印　　张：**	15
版　　次：	2024 年 1 月第 1 版	**印　　次：**	2024 年 1 月第 1 次
书　　号：	ISBN 978-7-5454-8953-8	**字　　数：**	220 千字
定　　价：	58.00 元		

发行电话：（020）87393830　　编辑邮箱：286105935@qq.com

广东经济出版社常年法律顾问：胡志海律师　　法务电话：（020）37603025

如发现印装质量问题，请与本社联系，本社负责调换

前　言

Preface

深挖抖音的新玩法

互联网圈有一句至理名言："你的产品要么赚钱，要么赚流量！"

互联网的本质是流量生意，流量即用户，它是互联网公司的核心资产。互联网行业的发展规律是不断发掘、追逐流量红利，从PC互联网时代到移动互联网时代，再到万物互联时代，不但流量在不断扩大，而且流量阵地也在不断转移，从网址导航到文字博客，从微博和公众号的图文内容到短视频，再到直播。

抖音作为国内短视频、直播领域的超级平台，是一个庞大的公域流量池。2022年，抖音日活用户已突破7亿，成为继微信、淘宝之后，屈指可数的日活用户超7亿的超级App。

作为国内短视频领域的强势平台，无论是个人娱乐，还是达人、商家、企业营销变现，抖音都成为他们的不二之选。在巨大的平台流量红利的诱惑下，人人都想抓住短视频的红利，而抖音成了无数个人玩家、商家、企业关注的焦点、入驻的平台。

抖音母公司北京字节跳动科技有限公司创始人张一鸣称："今日头条用算法理解人性。"抖音的推荐算法与今日头条一脉相承。抖音用户在算法面前人人平等。抖音的推荐算法"只看作品，不看人"，只要抖音用户的作品优秀，就有曝光甚至爆火的机会。

抖音是去中心化的平台，任何账号都有公平竞技、走红抖音的机会，这极大地激发了普通用户的入驻热情、创作激情和分享动力。在拥有超7亿日活用户的抖音App上，每天都有海量的新作品被上传。

互联网赚钱的公式是流量等于金钱，一旦有了流量，变现将水到渠成。抖音借助自己的算法优势，顺利地打通了公域流量的广泛触达和私域流量的精准投放闭环，领跑短视频平台，塑造了强大的变现能力，其中，广告和电商是抖音商业化的两大抓手。

第一，广告业务板块。2022年，抖音核心广告业务带来的收入较2021年增长了250%，达到100亿美元左右。抖音广告业务收入已超过微信、百度、快手、微博，成为国内最大的互联网广告平台。

第二，电商业务板块。据广发证券、国金证券、华创证券估算，2021年，抖音电商GMV（Gross Merchandise Volume，商品交易总额）在7000亿～8800亿元。

2022年上半年，抖音电商核心指标均实现大幅增长，销售额和销量同比增长均超过140%，小店商品数量突破1亿件大关，带货直播场次突破5000万场，带货达人多达300万人，抖音小店数量超过100万，年销售额破1亿元的商品已有175个。

抖音电商已经成为企业新品上新、爆品打造的优选平台，开启直播带货也成了众多抖音账号运营者和品牌十分热衷的变现模式之一。

随着平台蓄水池不断扩大、盈利能力不断增强、新的商业模式不断推出，依附抖音平台的各路达人、商家、品牌的营销变现能力也水涨船高，收获了可观的流量红利。无数抖音达人通过广告代言、直播带货以及其他变现模式获得了亿万元的收入，同时有大量企业，如海底捞、CoCo奶茶、小米手机、阿迪达斯等纷纷进驻抖音，布局线上营销与品牌宣传，抢占了线上品牌营销的重要流量入口和变现入口。

当别人通过抖音赚得盆满钵满之际，我们不得不面对这样一个事实：在数以亿计的短视频用户中，真正能够乘上抖音的东风收割流量红利的用户并不多。想要玩好抖音，搭上短视频时代的流量快车，赢得红利并不是一件容易的事情。

原因何在？其实道理很简单。在进驻抖音的过程中，绝大部分人只是顺势而为，并未掌握系统的抖音涨粉、运营、变现知识，也不具备相应的运营技巧，最后的结果只能是在平台上“陪太子读书”，甚至“起了个大早，赶了个晚集”，眼睁睁地看着别人吃红利，自己却一无所获。

运营抖音账号，快速涨粉是首要任务，而变现则是涨粉的终极目标，拥有一定数量的粉丝基础是账号未来进行变现的基本前提。

如何才能实现抖音账号快速涨粉、快速变现？核心秘诀是在遵循平台规则和抖音算法机制的前提下，做好账号定位，深耕垂直领域，专注持续创作、输出优质内容。

抖音作为一个创新型的平台，在不断迭代升级中推出新玩法，创新商业模式。因此，抖音运营也需要不断迭代升级，这样才能跟得上时代前进的步伐。

本书致力于深挖抖音的玩法，定位进阶技巧，结合全新、极具代表性的案例，从通晓算法、账号定位、内容运营、选题策划、视频拍摄、视频制作、吸粉引流、直播带货、变现拓展等方面，挖掘抖音涨粉、运营、变现的新玩法。本书特别适合对抖音有一定了解，且希望进一步学习抖音新玩法的读者朋友阅读。

陈海涛

2023年秋

火速涨粉真经
·分享快速涨粉精髓
·传授实用变现技巧
抖音流量秘籍
·剖析抖音算法规则
·揭秘上热门之诀窍
达人爆火指南
·解码达人涨粉秘诀
·汲取爆火视频经验
扫码加入
抖音涨粉变现
特训营
在线学养号秘诀，get快速涨粉的高阶玩法

目　录

Contents

第三章 内容运营：优质原创内容是涨粉的基石

第四章 选题策划：如何持续做出爆款短视频

第五章 视频拍摄：快速学会拍摄抖音短视频

第六章 视频制作：快捷制作出优质的短视频

第七章 吸粉引流：快速引流、快速吸粉获客

第八章 直播带货：抖音直播间的人、货、场重构

第九章 变现拓展：抖音官方支持的其他变现途径

第一章

通晓算法：去中心化的流量分配机制

张一鸣曾言：“今日头条用算法理解人性。”抖音的推荐算法与今日头条一脉相承，作为去中心化的平台，抖音有着不同于微博、微信等社交媒体的独特推荐算法机制。抖音创作者必须掌握的一项基本功是通晓算法，因为如果不懂平台算法机制，即使内容再好，也可能没有流量。

1. 抖音核心竞争力：推荐算法

抖音是北京字节跳动科技有限公司（以下简称字节跳动）于2016年孵化的一款音乐创意短视频社交软件，是当下短视频领域的领头羊。

凭借智能推荐算法，抖音的用户裂变速度堪称指数级。2018年1月，抖音日活用户为3000万，当年6月便成功破亿，2019年1月，抖音日活用户达到2.5亿，2020年1月5日，抖音日活用户已突破4亿大关。

到2020年8月，包含抖音火山版在内，抖音日活用户已超过6亿，成为继微信、淘宝之后，屈指可数的日活用户超6亿的超级App。

2022年，抖音用户进一步增长，日活用户已突破7亿。相关数据显示，截至2023年1月，抖音的月活跃用户已经突破20亿，其中海外用户（海外版抖音为TikTok）占比超过50%。在中国市场，抖音的用户数量已经超过7亿。另外，抖音的用户规模继续保持快速增长的趋势，未来有望进一步扩大市场份额。

抖音在用户获取上有其独特优势——推荐算法。抖音可以根据用户的兴趣和行为标签，推荐与其最相关、最具吸引力、用户最感兴趣的内容，精准的推荐算法提高了用户的内容使用体验，也吸引了更多用户加入抖音。

抖音包括其母公司字节跳动的核心竞争力便是推荐算法。算法（Algorithm）是指解题方案准确而完整的描述，是一系列解决问题的清晰指令，算法代表着用系统的方法描述解决问题的策略机制。简单来讲，算法就是解决问题的具体方法和步骤，算法是程序的灵魂。

推荐算法是算法的一种，是通过一些数学算法，测算出用户可能喜欢的东西。对推荐算法的研究起源于20世纪90年代，当时美国明尼苏达大学的GroupLens研究小组最先开始该项研究。GroupLens研究小组希望开发一个名为Movielens的电影推荐系统，对用户进行个性化的电影推荐。研究小组先让用户对看过的电影打分，再根据评分结果进行分析，测算出他们对未看过的电影的兴趣度，据此向他们推荐其可能感兴趣的电影。亚马逊（Amazon）公司是该推荐系统的最早用户。亚马逊公司通过分析用户的浏览购买行为，对用户进行个性化的商品推荐。通过这种个性化的推荐举措，亚马逊网站的销售额提高了35%。

字节跳动创始人张一鸣曾讲过："我从小就看'腰酸、背痛、腿抽筋'的广告，但是我年纪小，用不着补钙产品或者各种膏药。因此，想要最大程度提升广告的转化率，就要找到与这类广告最匹配的用户群。"

著名广告大师约翰·沃纳梅克也讲过一个著名的论断："我知道我的广告费有一半浪费了，但遗憾的是，我不知道是哪一半被浪费了。"

如何避免广告费被浪费？如何让广告精准地触达最匹配的用户群？推荐算法可以完美地解决这些问题。

推荐算法广泛应用于各类网络平台，百度有百度的推荐算法，微信有微信的推荐算法，今日头条有今日头条的推荐算法，抖音有抖音的推荐算法。推荐算法是网络平台必不可少的数据评判和推送机制。

字节跳动自2012年3月于北京诞生以来，其业务版图就开始快速扩张，2012年8月，其旗舰产品今日头条1.0版本上线，以今日头条为核心，衍生出了庞大的内容产品矩阵，其旗下产品包括今日头条、西瓜视频、抖音、头条百科、皮皮虾、懂车帝等。字节跳动也在扩张中构建了以数据算法为主的核心竞争力。

随着公司产品线不断增加，字节跳动以数据和算法为业务赋能，不断提升自身的竞争力。作为字节跳动发展的底层逻辑和竞争核心，推荐算法几乎应用在其所有产品线中。

字节跳动系的第一代算法可以追溯到今日头条，以分发图文内容为主。按照张一鸣的描述："今日头条用算法理解人性。"根据用户的阅读习惯，筛选出用户喜好的内容。

抖音的短视频算法是字节跳动系的第二代算法，通过大数据智能AI算法技术，分析每个视频内容，给内容打上标签，通过点赞、停留、评论、转发、转粉等动作识别每个用户的兴趣标签，从而给用户精准匹配相关内容。例如，某用户平时喜欢看舞蹈或者美食制作的视频，系统就会在平台海量的内容中寻找、识别相关内容并推送给他（她）。

抖音用户在抖音算法面前人人平等。抖音推荐算法“只看作品，不看人”，只要作品优秀，每个人都有机会在抖音上“露脸”，都有机会获得大的曝光率。

2018年6月，抖音开始挑选100个账号内测直播电商功能，正式拉开了直播电商的帷幕。

为了发展抖音电商，字节跳动系算法迭代到了第三代，针对直播间带货做了很多调整，短视频和直播间的权重互相叠加计算，如果刷短视频的用户对商品感兴趣，可直接导流到相应直播间，这极大提升了直播电商的变现效率。

在庞大的用户量和推荐算法赋能下，抖音直播电商呈现出巨大的发展潜力。根据艾瑞咨询的数据，2020年，抖音直播带货的市场规模达到了4391亿元，占据了短视频电商市场的27.3%。预计到2023年，抖音直播带货的总销售额将达到1.6万亿元。

总之，推荐算法能为平台上的各用户匹配到需要的东西——可以为内容生产者匹配到精准的用户，为内容消费者匹配到感兴趣的内容。

明白了抖音推荐算法的重要性和用途之后，有必要去详细了解平台的算法机制，如此才能更好地顺应规则，更好地在平台上引流、涨粉、变现。

2. 抖音平台的核心算法机制

抖音有着不同于微博、微信等社交媒体的独特的推荐算法机制。如果创作者不懂抖音的算法机制，即使内容再好、视频拍得再精美，也可能没有流量，甚至根本没有人看。

只有迎合抖音的推荐算法机制，才能策划出好内容、拍出爆款视频；只有清楚抖音的算法规则，才有可能玩明白抖音。而需要铭记于心的抖音核心算法机制主要包括以下几个。

（1）去中心化流量分发机制

抖音的核心是去中心化算法。抖音是典型的去中心化平台。去中心化平台是相对于中心化平台而言的，微博和微信公众号是中心化平台，如果没有粉丝，那么发布的内容基本上没有流量。在中心化平台，用户都是围着名人、大V、意见领袖转，普通人发布的内容几乎没有人关注，即使内容同样优质也不起作用。

举个例子，创作者A是微博上的大V，关注者众多，那么关注量越多，创作者A的流量就越高。创作者B是只有少量人关注的普通创作者，由于大部分用户关注了创作者A，而没有关注创作者B，结果就是大部分用户只能看到平台所推送的创作者A的内容，根本看不到创作者B的内容，即使创作者B的内容更优质，也没有推荐，没有流量。

抖音的去中心化算法完全扭转了这种局面，创作者A和创作者B可以在抖音平台上同台同起点竞技，如果创作者B的内容更优质，其推荐量和流量可能远远高于创作者A。

正是依赖这样的机制，抖音让更多后来新加入的优秀创作者有了更多展现自己的机会，最终形成去中心化。

抖音的去中心化主要表现在以下两个方面：

第一，去中心化的内容生产。

过去，网络上的内容创作由极少数权威人士或者机构掌握，而现在，不管是权威媒体、明星艺人、意见领袖，还是平民百姓，都可以在抖音上表达自己的观点、分享自己的生活，让每个视频都能平等展示，每个人都有机会爆红，平台不再只是围着名人打转，去中心化的内容生产机制让源源不断的内容得以创作出来。

第二，去中心化的内容分发。

无论是抖音大V，还是抖音小白，新发布的作品都要放在抖音的赛马机制下公平起跑，受不受欢迎由视频的内容来说话，而不是由知名度和粉丝量决定。所有抖音用户拍的任何一个视频，无论质量好坏，发布之后都有初始流量，从几十到上千不等。抖音会根据算法，给每个作品分配一个流量池，之后根据初始流量池的反馈数据，再决定是将作品推荐给更多人，还是停止推荐。

抖音推荐算法最大的吸引力和魅力就在于去中心化的流量分配机制，它让每个有能力产出优质内容的新用户都得到了与大号公平竞争的机会。

（2）标签机制

抖音的智能算法会给每个账号、每个用户、每条内容打上标签，建立相应的数据模型。

第一，账号标签。

对于每个新注册的账号，抖音后台都会通过账号基础信息、视频内容来抓取关键词，为其打上相应标签，将视频推送给对相应标签感兴趣的人群，并分析用户对视频内容的反馈，根据用户的互动（划走、点赞、评论、收藏、转发）行为，不断优化，精准推荐视频。

第二，用户标签。

平台会通过点赞、转粉率、评论等行为确定用户属性，给每个用户建立一套独一无二的数据模型和用户标签，包括用户的年龄、性别、行业、兴趣爱好、消费能力、地区等。

平台会根据用户使用App的习惯进行行为路径分析，为其贴上标签，再继续优化标签，该过程都是实时的机器算法。

通过不断优化升级标签后，呈现出标签用户，可以称之为用户画像。用户标签越垂直、越详细，就越容易得到智能推荐。

第三，内容标签。

平台根据视频发布后，不同用户给出的不同反馈，如评论、点赞、收藏、转发等互动信息，来给内容打上标签。

内容标签越垂直、越详细，就越容易获得推荐。

（3）智能分发机制

无论什么类型的账号和内容，只要不违规，抖音平台都会根据账号的权重、标签，给予其一定的初始推荐流量。

初始推荐流量会分发给账号的粉丝或账号关注的对象，会优先推荐给附近的人，包括向那些同账号、内容标签相匹配的用户进行智能分发。

经过智能分发，作品会进入冷启动期，接下来要看推荐后的数据反馈表现。

（4）叠加推荐机制

作品经过初始流量智能分发，如果用户反馈数据（评论、点赞、转发、收藏等）比较好，平台就会在更大范围内对作品进行二次分发，如果反馈数据一直良好，平台则会进行多次叠加推荐，分发的流量覆盖会越来越广泛，推荐量会越来越多。

如果初始推荐反馈效果欠佳，平台将不再进行二次叠加推荐，后续的叠加推荐也是如此。

叠加推荐的目的是增加作品的复播率，即重复播放的次数。系统会给质量大致相同的作品平均分配一定额度的复播率，然后层层筛选出质量最好的作品，提高其推荐指数和推荐次数。

可以将叠加推荐机制视为一种赛马机制，每个视频内容上传后，都是从一级流量池（300推荐量左右）开始进行智能分发推荐，然后抖音算法记录视频在一级流量池里的表现，如果表现好，就会进入二级流量池，如果表现不好，就会停止分发，一级一级赛马，从初级赛马场到顶级赛马场，最高可达八级流量池，进行八轮曝光。

（5）协同推荐算法

抖音是一个千人千面的个性化平台，每个人打开的抖音界面都不一样，这是因为抖音是基于用户标签和喜好进行个性化推荐的。例如，某用户观看点赞了美食类的视频，那么就会被打上美食标签，平台会继续为其推荐美食类的视频。不过，这种推荐模式也有局限性，长此以往，用户观看的内容比较单调，会陷入故步自封的信息茧房，看不到系统推送的其他内容。

为了打破这种局面，抖音推出了协同推荐机制，如用户A喜欢美食、户外内容，用户B喜欢美食、亲子类的内容，系统就会判定用户A、用户B为相似人群，因为二者都关注了美食，那么系统就会向用户A推荐用户B感兴趣的亲子内容，并向用户B推荐用户A感兴趣的户外内容，然后分析二者对新推内容的喜好程度，这就是协同推荐算法。

3. “机器 + 人工”双重审核机制

抖音是一个去中心化的平台，任何账号都有公平竞技、内容爆红的机会，这极大地激发了普通用户的创作热情和分享动力。在拥有超过7亿日活用户的抖音App上，每天都有数量庞大的新作品上传。

新作品上传后，平台都会进行审核，查看作品是否违规。单凭机器算法进行智能化审核，容易被人钻空子，留下漏洞，而对海量作品进行人工审核也不太现实。

因此，抖音采取了折中的审核机制：“机器 + 人工”双重审核机制。

（1）机器审核

新作品发布后，会显示“审核中”，说明视频已经进入机器审核环节。

机器审核是通过提前设置好的人工智能模型识别视频画面和关键词，其通过对视频画面、声音及标题等相关内容的提取，匹配系统数据库，检查是否存在违规的关键词。

第一，如果作品中疑似存在违规行为，就会被机器拦截，转交人工审核，并通过飘黄、标红等方式提示人工（审核人员）注意。

第二，通过抽取视频中的画面、关键帧，与抖音大数据库中已经存在的海量作品进行匹配消重，对内容重复的作品进行低流量推荐，或者降权推荐（仅粉丝可见、仅自己可见）。

消重机制是抖音机器审核机制的一种，目的是利用大数据甄别创作者上传的视频是否为抄袭或者搬运平台内其他人的作品。某些创作者由于无法制作原创内容，便通过搬运、抄袭他人的作品来获得流量和关注，抖音平台是要打击这种行为的，这是官方保护、鼓励原创作品的一个举措，目的是维护抖音平台的健康发展和健康的内容生态。

作品一旦被审核系统判定为搬运，基本上很难通过抖音的消重机制审核。如果视频有搬运的嫌疑，即便上传成功，也不会得到太大的推荐和流量，平台会给这类作品做限流处理。

因此，为了避免处罚和通过抖音审核过程中的消重机制，应当尽量发布原创作品。当前，抖音平台的视频制作门槛已经大大降低，也有很多视频制作剪辑工具可借用，即便是新手小白，也能很容易地做出自己的原创视频，完全没有必要冒风险去搬运。

（2）人工审核

机器筛选出的疑似违规作品会提交人工审核。对于机器筛选出的可疑违规作品以及其他容易出现违规的作品，抖音审核人员会逐一进行仔细审核，审核关键点主要包括视频标题、封面截图和视频关键帧。

经过人工审核，没有违规的作品会进入正常的推荐流程；如果确定违规，将根据违规情节，采取删除视频、降权通告、封禁账号等处罚。

当视频播放量达到一定量级，将会再触发审核机制。其中，播放量1万和10万是两个门槛。如果视频播放量在1万以下，通常为机器审核；如果视频播放量超过1万而小于10万，则为人工审核；如果视频播放量超过10万，也是人工审核，不过由1人审核增加为3人审核。

初次“人工+机器”审核过关并不意味着二次审核也能顺利通过，二次审核人员相当于拿着放大镜在挑毛病，任何违规内容都难以逃过二次审核。例如，某用户发布的视频通过了初次审核，且播放量超过20万，成为爆款后，触发了二次审核，结果由于视频中存在平台不允许的抽烟画面，导致没能通过二次审核，视频将被停止推荐。

制作短视频时，千万不要存在侥幸心理，也许违规内容（见表1–1）可能逃过机器审核，但肯定逃不过人工审核。而且只要有粉丝举报，平台就会安排对相关视频进行人工审核。

表1–1 抖音平台常见违规内容

违规类型	违规内容
敏感内容	（1）涉及领导人及政治内容的任何相关话题或者词汇都属于违规。 （2）色情低俗内容。包括但不限于人、动物的性模拟、性动作和姿势，胸部、臀部等有性暗示的行为，自制偷拍人物如厕、洗澡、脱衣服等色情低俗内容都属于违规。 （3）血腥+违法内容。血腥、残忍、报复等性质的社会新闻内容属于违规内容。视频中出现冷兵器、管制刀具、枪械等内容均属于违规内容
违禁词	抖音不能出现的违禁词类目主要有： （1）“国家级”“世界级”“最高级”之类的词属于违禁词。 （2）绝对值、绝对化表达却无法考证的相关词语不能用。 （3）无法验证真伪的夸张类词语，如“100%”“国家品质”等词语表达。 （4）无法确定时限的词语，如“仅此一次”“最后一波”等词语。 （5）违禁权威性词语，包括但不限于使用国家领导人的名字、职位等词语
虚假推广内容	抖音短视频可以添加购物车正常售卖商品，但对一些虚假类广告内容是禁止发布宣传的。包括但不限于壮阳广告、生肖算命、微商推广、借商业名人推广等内容
为第三方平台导流	抖音短视频是一个独立的平台，与微信、QQ、微博等分属于不同的体系。所以，如果在抖音上为其他平台导流，也属于违规操作，容易被系统限流甚至封号
视频搬运	下载别人的视频后，去掉水印发布，甚至水印都不删除，直接把一模一样的视频发布在自己的账号上。这些操作就属于搬运，被系统检测到会被限流
负面、消极的内容	负面、消极的内容是指传播负能量、发表负面观点的内容，比如车祸、打架等令人不适，或者会给青少年带来不良影响的内容。对于博取同情类、发表感慨类、宣泄不良情绪类的视频，如果能把握好尺度，可以适当发布
其他违规操作	如果视频中出现以下操作，也属于违规： （1）视频标题全部是数字。 （2）视频封面上贴有微信二维码。 （3）封面具有欺骗性。 （4）视频画面高模糊，画质不清晰，白屏、花屏。 （5）视频中有抽烟、喝酒等负面导向性内容

（3）违规处罚

如果视频被平台审核系统检测到有违规行为，会受到相应处罚。

第一，限制流量，屏蔽热门。

主要是由内容质量不高、广告太多或频繁抄袭导致。限流具体有以下三种情况：仅自己可见（不推荐给任何人）、粉丝可见（只推荐给粉丝）、低流量推荐（通常是清晰度不高或简单的、没有太大新意的作品）。

第二，屏蔽某些功能或者限制使用某些功能。

主要是由系统检测到用户在利用某些功能频繁发广告导致，如频繁私信别人。

第三，删除视频并且封号数日。

主要是由内容低俗或者存在很大争议导致。

第四，关进小黑屋，永久封号。

违规严重或者多次违规会被封号。

4. 叠加推荐与延后引爆

通过“机器＋人工”双重审核的作品，系统将会为其分配一个初始流量池，进入正常的推荐流程。

（1）叠加推荐

当作品被平台分发初始流量后，平台会根据初始流量的反馈来判断作品内容是否受欢迎。如果受欢迎，平台会给作品分发更多流量，进行叠加推荐；否则，就不会再分发流量。

衡量一个作品是否受欢迎的重要反馈指标有：播放量（完播率）、点赞量、评论量、转发量。

叠加推荐会经过以下流程：

第一，冷启动。

作品通过审核后，平台会根据账号权重的不同而给予200～500的初始流量，开始冷启动。如果作品在初始流量池的反馈数据较好，如某作品达到60%的完播率、10%的点赞率、1%的点评率，平台就会判定该作品是比较受欢迎的，便会给它二次推荐，把它放入更大的流量池。

第二，加大推荐。

第二波推荐流量在1000～5000，如果第二次推荐的反馈数据比较好，平台会对作品进行更大的加权，并且强化人群标签进行分发，让内容分发得更加精准。第三轮推荐意味着进入更大的流量池，将给予上万甚至数万的流量。

第三，进入精品流量池。

对于反馈数据一直良好的作品，平台会以大数据算法结合人工审核的机制，衡量其是否可以上热门。通常视频发布1小时内，播放量能达到5000以上、点赞数高于100且评论数高于10，基本能上热门。

第三次推荐数据表现好的作品或有希望上热门的作品，将进入精品推荐池，进行大规模曝光，而进入精品推荐池后，推荐的人群标签也会被弱化。

只要作品反馈数据一直良好，就会被叠加推荐机制推入更大的流量池进行曝光，抖音总共有八级流量池（见表1–2）。

表1–2 抖音的八级流量池

级别	流量
第一级	200～300
第二级	3000～5000
第三级	1.2万～1.8万
第四级	10万～20万
第五级	40万～60万
第六级	200万～300万
第七级	700万～1100万
第八级	触发标签长期推

作品进入更大的流量池代表着其能有更高的曝光量和关注度，同时，作品也将被更多用户挑毛病。在这个过程中，如果作品被用户举报，抖音平台将会启动人工审核，以判断作品适不适合继续在平台进行推广。如果确定作品存在违规现象，就会停止推荐。对此，作品发布方可以申诉。如果申诉失败，作品将停止推荐；如果申诉成功，作品将会继续进入下一个流量池进行叠加推荐，一般会持续1～7天。

在抖音叠加推荐机制下，作品被分配的流量池级别高低和推荐次数取决于作品内容的受欢迎程度。

（2）延后“引爆”

作品发布后，存在延后“引爆”的可能性。通俗来说，某些作品发布的当天甚至在较长一段时间内，推荐量和播放量都很低，但某一天它就火了，这种现象就是延后“引爆”，主要由以下两种情况导致：

第一，“挖坟”效应。

抖音会重新挖掘数据库里的“优质老内容”，让它重新曝光，重获“新生”。被“挖坟”的老作品之所以能被延迟“引爆”，首先是因为它的内容够好；其次是因为发布该作品的账号已经发布了足够多的垂直内容，标签变得越来越清晰，系统能够重新匹配一些更精准的用户进行推荐。

第二，爆款效应。

当账号发布的某个作品获得大量曝光，成为爆款时，会带来海量的用户进入账号主页，同时这些用户会去翻看博主过去那些被“打入冷宫”的作品，当这些作品获得足够多的关注（浏览、点赞、评论、转发）时，系统会把这些视频重新放入推荐流量池。有很多垂直领域的内容创作者都是由于某一个视频的火爆，而将其他当初反应平平的作品重新“引爆”，出现了“老树开花”的盛况。

如果精心创作的视频上传后没有被推荐、没有流量，这时不要放弃，只要坚持创作优秀的作品，坚持通过各种渠道去分享推广作品，也会有延迟“引爆”的可能。

延迟“引爆”既有可能带火作品，也有可能为其带来负面效应。比如，原本已经被停止推荐的视频因延迟“引爆”而引来大量流量，结果被发现存在违规现象，如果有用户举报，视频账号就有被降权重、限流甚至封号的风险。时刻守住内容创作的底线，不逾越平台的规则红线才是账号运营的王道。

（3）流量触顶

即便抖音拥有叠加推荐机制，甚至有高达八级的流量池，但并不意味着爆款作品会被无限制地一直推荐下去。事实上，再火爆的作品，在抖音上的曝光时间一般不会超过一周。之后，爆款视频乃至整个账号都会迅速冷却下来，甚至之后发布的一些作品很难有较高的推荐量。

这就是抖音推荐算法的流量触顶机制，主要出于以下考虑：

第一，爆款作品经过数轮大规模推荐，拥有高匹配度的精准标签人群已经基本完成推荐，甚至进行了去标签化的更大范围的推荐，但是非精准标签的人群反馈数据较差，所以停止推荐。

第二，平台方面也不希望某个账号因为一个作品就爆红，而是更希望考察其持续创作、持续输出的能力。

第三，平台的日活用户是固定的，即流量和推荐量都是固定的，加上抖音是去中心化的平台，因此，要考虑将流量分发给更多有潜力的新作品、新用户，避免流量被少数头部账号、爆款作品霸占。

5. 账号权重：影响算法推荐

通过平台“机器+人工”双重审核的作品都会获得一个初始流量池。不管是新起号的新人玩家，还是拥有上千万粉丝的网红、大V，抖音平台都会对其一视同仁。但接下来的叠加推荐，新号和大号之间的差异就会逐渐凸显出来。

很多抖音新手玩家的疑问也恰恰集中在这里——

为什么两个账号的粉丝量相差无几，平台给别人的推荐却更多?

为什么粉丝量更大的大V账号能获得更多的推荐?

抖音的叠加推荐算法不仅受初始流量池用户反馈数据（点赞率、评论率、转发率、完播率和关注比例）影响，还受账号初始权重影响。

尽管抖音的流量分发为去中心化机制，但抖音流量池有低级流量池、中级流量池、高级流量池之分，不同权重的账号会被分配到不同的流量池，因此，会获得不同的曝光量，被分配的流量池高低不仅取决于内容的受欢迎程度，也取决于账号权重。

（1）账号权重

所谓权重，是指抖音系统为账号所打的一项内在数值，它会影响作品的曝光度，账号权重越高，搜索排名便会越靠前。

对于抖音账号运营来说，抖音账号权重尤其重要。短视频拍摄、剪辑得再完美，如果在低权重抖音账号上发布，也很难得到较高的流量和播放量，这是天生的短板。

很多第三方应用可以查询抖音账号权重，不同的平台对权重的赋分标准也不同。例如，在微信搜索“飞瓜数据”，输入抖音号即可查询权重分，

200分为基础分，账号通过刷视频、发作品、点赞、评论、开直播等行为都可以增加权重分，而如果违规、触雷，则会减分。

（2）账号权重的级别

不同类型的账号有不同的权重级别（见表1–3）。

表1–3 账号权重级别

权重级别	标准	建议
僵尸号	账号持续7天发布作品，平均自然播放量低于100	僵尸号基本上等于废号，继续运营下去意义不大，建议另起炉灶，重新起号
低权（重）号	账号持续7天发布作品，平均自然播放量在100～300	处于抖音最低级的推荐流量池，如果持续半个月甚至一个月都没有突破的话，很有可能被降级为僵尸号。建议提高作品的质量和原创度
正常账号	账号持续7天发布作品，平均自然播放量在300～1000	新账号通过正常养号都能达到的标准。建议做好账号定位，提高作品的反馈数据
待推荐账号	账号持续7天发布作品，平均自然播放量在1000～3000	需要提高作品质量，加强与粉丝的评论互动、私信互动，进一步提高权重
待上热门账号	新作品平均自然播放量在1万以上	属于高等级账号，容易上热门，作品初始流量池为1万人的流量。建议保持作品创作水准，以及与粉丝互动

高权重账号也有被降权的可能，主要有以下几种情况：

第一，账号前期作品质量非常稳定，播放量也非常高，但如果突然发布一条违规视频或广告视频，被系统识别出来，那么不仅作品播放量会大幅降低，账号权重也会被降低。

第二，搬运号。从其他平台搬运视频且没有进行二次创作，如果未被系统检测到，依然能被正常推荐；如果被系统检测到为搬运号，账号就会被降权。

第三，账号前期运营正常，中途出现违规操作，如数据造假（刷播放量、刷粉、刷赞）等，被系统识别到，账号也会被降权。

对来之不易的账号权重一定要珍惜，否则，稍有不慎就会被降权，直接影响账号的流量和价值。

（3）如何提高账号权重

账号权重不仅会影响短期作品的流量和推荐，也会影响账号的长期价值。账号运营务必养成权重意识，要懂得通过各种方式提高、维护账号权重。

第一，完善账号信息。

无论运营哪一种类型的抖音号，都需要完善账号的相关基础信息，包括头像、性别、昵称、个性签名、账号属性、实名认证、简介页面等一系列个人（公司）信息。

账号基础信息越完整，账号定位越明确，越容易被平台识别，账号权重也就越高。另外，进行实名认证也有助于提高账号权重。

抖音账号内容的完善及包装是极其必要的，不过一些带有广告宣传性的昵称、签名、照片最好不要在养号工作完成之前开展，也不要刚起号就发布一大批视频，否则会被系统判定为营销目的过重而不予分配流量。

第二，养号。

养号的目的是让系统认为你是一个正常用户。通常养号一周左右，就可以得到平台的正常推荐。

养号阶段，一个提高账户活跃度行之有效的好习惯是每天坚持观看抖音视频半个小时。

如果抖音账号长期不在线、不更新视频，就会被系统判定为僵尸号。账号活跃度越高，表明对平台的贡献值越大，相应地，账号权重就会得到提高。

首先，每天坚持定量观看视频会让账号显得更加真实，会让系统判定账号是在人为操作、人为维护；其次，每天坚持观看视频有助于了解同行大号的动向，获悉热点，与时俱进，开拓思维，学习视频运营的新思路、新方法，激发灵感，找到新的创意，开发出独特的新选题。

刷视频时切忌一滑而过，要完整地看完整条视频。如果总是对视频一扫而过，容易让系统误认为是机器在操作，不利于账号权重的提高。

观看视频的同时，记得互动，如点赞、评论、转发，举手之劳就能收到活跃账户、提高权重的效果。最好一天分多次上线，看一些同账号内容定位相关的视频。

另外，要注意不要频繁地登录和退出账号，也不要更换登录设备。因为如果被封号的话，不仅封账号，还会封设备。

第三，避免违规行为。

抖音玩家不仅要提高账号权重，还要注意视频内容，避免存在违规现象，除了要完善加分项，还应规避减分项。例如，搬运视频、发布违规信息等。同时，要了解平台规则，不要发布违反法律法规的内容，避免出现敏感词汇、社会负能量等。如果账号违规，轻则会受到系统限流，重则会被封号处理。

第四，发布原创视频。

抖音平台鼓励原创，抵制搬运。原创视频能获得更高的流量倾斜和推荐，同时能提高账号权重。养号结束后，新账号发布的前五条视频一定要发布原创、垂直、高质量的内容，这有助于吸引精准粉丝。平台尊重原创，也会对优质的原创内容进行流量扶持。视频内容质量越高的账号，权重也会越高。

6. 影响叠加推荐的五大指标

影响作品叠加推荐的因素除账号权重外，还包括内容权重，即系统会根据初始流量的完播率、点赞率、评论率和转发率等数据来判断作品是否能够进入后续流量池，进行叠加推荐。

（1）影响叠加推荐的五大指标

叠加推荐以内容的综合权重作为评估标准。综合权重的关键指标有完播率、点赞量、评论量、转发量、关注量，且每个梯级的权重各有差异，当达到一定量级时，则以大数据算法和人工运营相结合的机制进行推荐。

第一，完播率。

完播率即完整观看视频内容用户占观看用户总量的比率，反映了视频的受欢迎程度。对于一条时长为15秒的短视频，如果用户浏览3秒即退出，说明视频吸引力有限，抓不住用户的眼球和兴趣点；如果能够让更多用户完整地观看视频，说明视频在内容上有独到之处。

用户观看时长和完播率是反映视频质量的重要数据。如何才能提升完播率？需要创作者学会换位思考，学会站在用户的角度去制作出他们喜欢的视频。

第二，点赞量。

点赞源自用户对视频内容的认可，说明视频在某些方面触动了他们，这也是对创作者的一种犒赏。点赞率越高，推荐量才会越高。通常初始流量池要达到3%～5%的点赞率，作品才能得到叠加推荐。

第三，评论量。

一般情况下，作品的点赞量要高于评论量，因为点赞只需要动动手指点一下小红心就可以，非常简单，而评论则相对烦琐。如果一个视频能吸引用户评论，说明视频内容在某种层面上引起了他们的同理心和共鸣，使其愿意留言评论，这也是视频质量较高的一个佐证。

第四，转发量。

好的内容、有价值的内容，用户自然会纷纷转发，转发不仅能提高内容权重、触发叠加推荐机制，也能为视频带来更多精准的裂变流量。

一般热门视频的转发量都比较高，这代表着作品内容受欢迎的程度。

第五，关注量。

关注量即涨粉量，粉丝关注，不仅是对某个视频内容的肯定，也是对整个账号的肯定，同时对创作者充满了期待，“点关注，不迷路”，粉丝希望通过关注能看到博主给自己带来更多、更好的作品。

在叠加推荐的过程中，抖音算法为推荐指明了路径，而视频内容本身才是触发推荐机制的关键，视频的完播率、点赞量、评论量、转发量、关注量则是用户投出的一张张选票，能让用户心甘情愿地投出选票的秘诀是高质量的内容。

（2）提升五大指标

要提升完播率、点赞量、评论量、转发量、关注量这五大指标，关键在于优质内容，大部分工作应在视频发布前进行。

第一，创作出优质内容。

内容是重中之重，是一切工作的起点。优质内容要确保垂直度，以免系统不能准确识别账号是什么领域而为其打错标签或者不打标签，导致账号权重提升上不去，进而造成流量少与流量不精准。另外，内容还要保持原创度，因为原创内容才能得到平台的流量支持。

第二，蹭热门。

热门包括热门话题和热门音乐。虽然蹭热门更容易带来流量，但要注意账号的定位，不要蹭一些无关的热门话题。

第三，视频时长在7～15秒。

视频时间太短会缺乏表现力和可看性，时间太长又会影响完播率，新账号前期发布的视频时长可以控制在7～15秒。

第四，参与官方挑战。

官方发起挑战的目的是引导用户发布相关视频，所以会给予这些视频以一定的流量支持。

第五，添加引导信息。

在视频描述里增加一些引导用户点赞、评论、转发或看完视频的文案、语言或动作。

第六，设置互动话题。

在视频文案中，可以设置一些互动问题，引导用户留言评论。

第七，准备评论。

提前准备一些评论，最好是能引起粉丝互动的“神评论”，既可以放在评论区置顶，也可以让小号来发布评论，引导其他用户围绕“神评论”积极互动，展开更多话题。

第八，设计好封面。

视频封面应做到吸睛、新颖，这样才能吸引更多人观看视频。

第九，选好背景音乐。

选择符合视频内容的背景音乐是优秀视频的标准之一，如那些魔性的、欢快的、催泪的背景音乐都能起到带动用户、感染用户、引发用户转发、点赞、评论的作用。

需要注意的是，千万不要通过刷流量的方式去提升相关数据，如刷流量、刷评论、刷赞，以免被平台识别并处罚。

视频发布后，要做好后续维护工作，有时候，抖音的推荐算法会“挖坟”，从而带火一些优质的老视频。对于比较优质的视频，要持续做运营，如转发推广、评论互动。

第二章

账号定位：越精准、越垂直，就越高效

账号定位要回答以下三个问题：

第一，你是谁?

第二，你要做什么？（你要给用户分享什么内容？）

第三，你和别人有什么不同？（你有什么独特优势？用户为什么要看你的视频？）

抖音账号定位越垂直越好。账号定位越精准、越垂直，未来变现潜力越大。

1. 账号定位的四项基本原则

商业中的“定位”（Positioning）概念和定位理论于1972年由美国著名营销大师艾·里斯与杰克·特劳特提出。

所谓定位，就是让品牌在顾客的心智阶梯中占据最有利的位置，使之成为某种类别或特性的代表品牌。当顾客产生相关需求时，便会将该品牌作为首选，因为这个品牌占据了细分定位。

定位理论开创了一种新的营销思维和理念，2001年，定位理论压倒菲利普·科特勒、迈克尔·波特等营销大师的营销理念，被评为“有史以来对美国营销影响最大的观念”。

所谓定位，简单来讲，就是让品牌和产品与众不同，形成核心竞争力。要做好定位，要回答以下三个问题：

第一，你是谁？

第二，你要做什么？

第三，你和别人有什么不同？

具体到抖音账号定位上，这些问题可以引申为——

第一，你是谁？

第二，你要做什么？（你要给用户分享什么内容？）

第三，你和别人有什么不同？（你有什么独特优势？用户为什么要看你的视频？）

做好抖音账号定位的目的是树立差异化的账号IP，区别于其他抖音账号，能够占领目标用户（粉丝）的心智，在目标用户（粉丝）心中有清晰的认知，让他们能够关注并记住。账号定位要确定产出（内容）什么、目标受众群体是哪些、要输出什么样的内容来吸引目标受众。

账号定位将直接决定账号的引流效果、涨粉速度和变现能力。

（1）为什么要做账号定位

账号定位的目的主要有以下几个方面。

第一，给用户一个清晰的画像。

账号定位在某种程度上是给自己画像，让目标用户能够迅速了解你是谁、你要做什么、你和别人有什么不同，让用户可以迅速识别你、记住你、关注你。

第二，打造差异化的竞争优势。

抖音用户已达到20亿，日活用户已超过7亿，其中绝大部分账号是雷同的，同质化严重，无论是账号定位，还是内容定位，都大同小异，没有本质上的区别，对粉丝的吸引力有限，对平台算法推荐机制的驱动力也极其有限，流量少，关注少。

如何摆脱这种局面？需要进行差异化竞争。不管什么行业，要想完全比竞争对手做得好是很难的，但如果做得与竞争对手不一样，就相对比较容易。一旦与竞争对手做得不一样，做出差异化，就有了竞争优势。举个简单的例子，你是苹果，我是梨；你是梨，我就是香蕉，反正就是要和你不一样。不一样，就没得比较，没有比较，就没有竞争。

账号进行差异化定位：一是做给用户看，给他们一个关注你的理由；二是做给平台算法看，让平台给予你流量和支持。

第三，获得平台流量扶持。

所有互联网平台，包括今日头条、抖音、快手、小红书等，都有各自的垂直细分类目，平台都希望自媒体账号能够响应号召，在各自的垂直领域里产出内容。因此，只有做好账号定位，切入相应的垂直领域，才能得到平台的流量支持。

第四，明确变现方向。

运营抖音账号的终极目的是变现。因此，前期要综合受众画像、自身的内容生产能力和变现模式，从而去做好账号定位，这样才能保持后续内容的持续产出，在定位指导下，确保账号持续运营，提升账号的价值和变现潜力。

（2）账号定位的基本原则

抖音账号定位要符合以下基本原则。

第一，垂直原则。

账号定位要做到垂直、精准，越垂直、越精准，账号的价值才越高。一个抖音账号要专注一个细分垂直领域深耕内容、持续输出，而不要针对泛群体去做泛内容，看什么内容火，就去分享什么内容，否则只会竹篮打水一场空，无法沉淀精准用户。

第二，价值原则。

要致力于为用户分享有价值的内容，高价值的内容不仅能获得更多的推荐和流量，也更容易吸引用户关注，提高涨粉速度。账号运营方在分享内容时，要具备价值思维，反思自己的内容能为用户带来什么价值。

第三，深度原则。

将创作类型固定在某个特定领域，持续深耕，挖掘出更多有价值的深度内容分享给用户。

坚持在垂直领域深耕的创作者是各大平台最喜欢的，其更容易获得平台的认可与扶持。创作者在平台获得认证之后，账号权重增加，曝光率增加，推荐量自然增加，收益和粉丝会快速增长，从而在平台上脱颖而出。

第四，持续原则。

抖音账号运营，输出内容并不难，难的是持续输出优质内容，只有保持稳定的更新频率，才能持续为用户提供价值，账号才能获得稳定的流量。

运营抖音账号可能短时间内不会爆火，但只要坚持输出优质内容，时间长了，自然会获得大量用户的喜爱。

抖音账号持续输出内容不仅考验运营者的内容创作能力，还考验运营者的内容规划能力。在账号定位之初，要深思自己是否具备相关领域内容的持续输出能力。

（3）如何找准抖音定位

抖音账号定位越明确、越垂直，粉丝越精准，获得的精准流量就越多，变现就越容易。那么，如何找准账号定位呢?

第一，兴趣和能力要匹配。

在选择账号垂直领域时，首先要考虑自己的兴趣领域，如果有兴趣驱动，就愿意付出时间和精力来运营抖音账号。其次要考虑兴趣和能力的匹配，即仅仅有兴趣还不够，还要具备在兴趣领域持续创作、持续输出内容的能力。

第二，标签和内容要匹配。

平台对每个账户都会贴标签，要确保分享内容、视频标签同账号标签相匹配，如此系统才能将内容精准推荐给具有相匹配标签的目标用户。

第三，粉丝和变现相匹配。

多从变现规划的角度去倒推涨粉问题，根据将来账号变现所针对的目标粉丝群去为目标粉丝画像，考虑什么样的账号定位、什么样的内容才能吸引目标粉丝群体，有针对性地进行账号定位和引流吸粉，将变现问题前置，这样变现之路才会更通畅。

2. 账号定位：遵循垂类思维

抖音账号定位越垂直越好，账号定位越精准、越垂直，粉丝越精准，变现越轻松，获得的精准流量就越多。越垂直的账号，未来的变现潜力越高。

抖音账号的运营离不开垂直领域这个话题，抖音官方指导里也明确推荐新用户做垂直领域的内容，这样可以得到更多推荐，获取更多收益。

所谓垂直领域，通俗地讲，就是抖音平台已经做好了搭建工作，各类自媒体用户只需要在平台分类出来的某个领域做深度挖掘和内容创作。换句话说，就是平台负责做大做强，自媒体负责做细做精。抖音搭台，用户唱戏，唱出自己的特色与优势，这样才能让更多人认识你、关注你。

抖音账号可以分为娱乐性和垂直性两大类。泛娱乐性短视频涵盖的领域较多，流量也较庞杂，但不够精准，变现能力较差，譬如很多娱乐搞怪类的视频。而垂直视频具有明确的行业指向性，譬如汽车、服装、教育、美妆、旅游等，由于定位清晰且专一，其粉丝也更加精准，潜藏着更大的商业价值。比如，畅销书作家尹建莉运营的就是典型的亲子教育领域的垂直账号（如图2-1所示）。

如果具备条件，在某一领域比较擅长的话，强烈建议大家做垂直细分领域，打造个人IP去引精准流量。

比如，分享护肤经验、孕婴知识、教子知识等，围绕细分领域甚至特定的产品、服务去做视频，把自己的专业优势乃至提供的产品和服务同视频结合起来，只要视频制作得有内涵、有亮点，兼具知识性和观赏性，广告痕迹不重，精准流量就会源源不断地自动找上门来。

图 2-1　“尹建莉父母学堂”抖音账号主页

（1）抖音细分类目

抖音平台的细分类目有九类：商品导购类、知识传播类、搞笑娱乐类、记录生活类、表演类、游戏类、科技类、二次加工类、官方账号类（见表 2-1）。

表2-1　抖音平台的细分类目

类目	详情
商品导购类	美妆博主、商品推荐、穿搭推荐、购物推荐、商品评测等类型的账号都可以归于此类。此类账号的重点内容是分享好物、推荐产品给粉丝。只要视频内容不是太直接、广告意味不是太浓，都可以很好地诱导消费，是变现能力最强的一种账号。可以广告变现，可以挂商品橱窗，也可以直播带货
知识传播类	软件教程、生活小技巧、跳舞、音乐、滑板等账号可以归于此类。此类账号通过知识分享、传播来吸引相关领域的精准粉丝，后期可以向粉丝出售课程或其他知识产品，变现途径相对单一，但粉丝较为精准，如果粉丝基数庞大，变现转化效果也会非常可观
搞笑娱乐类	对口型搞笑、恶搞、娱乐表演、生活搞笑等，此类账号适合打造个性化网红、民间网红，后期可以接代言、广告、推广或直播带货
记录生活类	萌宠、家庭喜剧、工作记录、晒娃、视频日志等都属于此类。其中，萌宠、晒娃类粉丝相对比较精准，有助于后期变现，可以向粉丝出售母婴产品或周边产品
表演类	唱歌、跳舞、才艺、乐器表演等，目的是打造网红，积累粉丝，基于粉丝群体进行后期变现
游戏类	游戏录像、游戏解说、CG等细分领域。该类账号的目标受众主要是同游戏相关的粉丝，对专业性要求较高，后期可以通过代打、售卖电竞周边产品等来变现
科技类	手机、数码产品、前沿科技、VR、软件介绍等，此类账号一般是与上游厂商合作，变现能力较强
二次加工类	电影解说、抖音合拍、二次剪辑、视频搬运等，主要赚取平台补贴
官方账号类	政府、企业类官方账号，其中政府类官方账号主要是正能量宣传；企业类官方账号则多出于品牌营销的目的，也可用于直播带货

账号在选择细分类目时，可参考以上细分方向，结合自身（个人、团队）的兴趣爱好、特长和能力结构进行综合定位。

（2）垂直定位：一个账号专注一个领域

垂直定位就是一个账号只专注做一个垂直领域。比如，要做一个美妆账号，那么该账号发布的所有视频都要同美妆相关，不能今天发美妆视频，明天发亲子视频，后天发娱乐视频，否则不仅无法吸引垂直领域的粉丝关注，而且会导致账号权重降低，获得的初始推荐流量也会减少。

第一，保持账号垂直。

账号垂直表现在账号IP名称垂直、标签垂直、视频内容垂直、封面风格垂直、主题思想垂直、行业领域垂直等，账号的各个方面都要依据定位和垂直内容快速打上垂直标签，吸引精准粉丝，增加粉丝黏性。

第二，只做垂直内容。

很多人担心保持同一领域和风格的内容创作比较局限，其实不然，垂直细分是持续内容输出的原则。将一个领域的内容细分出来，虽然风格、呈现方式等都一致，但是细分出来的内容和点有很多，可以从各个细分点入手，仍然有很多可以创作的空间。

账号的定位决定了视频的内容，视频垂直内容又决定了账号的运营方式以及后续的变现方式，所以账号一开始的定位和垂直内容已经决定了账号未来的发展方向和变现能力。

关于运营垂直账号，再分享以下几个要点：

第一，找准垂直服务领域，明确目标群体。

结合自身优势，选择适合自己的垂直领域。

第二，发掘群体需求，提供精准服务。

分析目标受众的需求和痛点，在此基础上，策划内容，制作视频，有的放矢，效果更佳。

第三，不断精进，提升自身能力。

根据运营效果及引流、粉丝反馈效果，不断调整策略，精进技艺，提升自身能力和短视频创作能力。

第四，与时俱进，紧跟热点、爆点。

专注做内容的同时，不要忽略同行和外界的动向，了解当下的热点和爆点，直至引领潮流，制造爆点。

3. 账号定位分析的三个维度

抖音账号定位可以借助三个维度的综合分析结果来确定。

（1）行业维度

进入一个行业，首先要进行行业分析，包括以下三个方向：

第一，分析自己所从事的行业。

抖音账号运营者应分析自己所从事的行业与工作，找到同抖音平台细分垂直领域的切合点，以此来做抖音账号的垂直定位。例如，健身、旅行、美食、母婴、美妆、舞蹈、教育、动漫、游戏等行业的从业者就很容易在抖音平台找到自己的细分领域。

第二，分析行业数据。

了解细分领域抖音账号的最新玩法，熟悉用户喜欢的内容和方向，分析抖音行业数据，可借助一些第三方工具来获取，如乐观数据、抖大大、飞瓜数据等。

第三，分析同行数据。

细分领域内的大V、排名靠前的头部账号，了解细分领域的行业竞争现状，了解头部玩家的集中度有多高，了解该领域内哪些人做得好，研究他们的运营模式。

（2）个人维度

从个人维度分析自己的优势，能做什么、擅长做什么，在优势领域进行定位，才能确保账号内容高质量持续输出。

个人维度分析可借助SWOT分析法（也称态势分析法）来进行。SWOT

分析法是20世纪80年代初由美国旧金山大学管理学教授海因茨·韦里克提出的，经常被用于企业战略制定、竞争对手分析。

所谓SWOT分析，即基于内外部竞争环境和竞争条件下的态势分析，将与研究对象密切相关的各种主要内部优势、劣势和外部的机会和威胁等通过调查列举出来，依照矩阵形式排列，然后用系统分析的思想，把各种因素相互匹配起来加以分析，从中得出一系列相应的结论。

运用这种方法可以对研究对象所处的情境进行全面、系统、准确的研究，从而根据研究结果制定相应的发展战略、计划以及对策等。

SWOT分析法，其中S（Strengths）是优势、W（Weaknesses）是劣势、O（Opportunities）是机会、T（Threats）是威胁。

我们可以借助SWOT分析法找到最适合自己的账号定位方向（见表2–2）。

表2–2　SWOT分析法

要素	分析
S（Strengths）优势	别人能够做好，自己未必能做好。比如，一些明星、网红、KOL的流量、粉丝量都很高，变现能力也很强，但他们所具备的名气、颜值、才艺、技能优势，普通人很难模仿，也不具备。要理性客观地分析自己的优势。如唱歌、跳舞、反串、颜值、技能、声音、厨艺，如果在这些方面有独到之处和较深的造诣，就可以作为定位方向，同时要考虑自己是否具备持续输出相关优势领域内容的能力
W（Weaknesses）劣势	找出自己的缺点，在账号定位时要绕开自己的缺点。在内容中也要注意规避自己的缺点。对于缺点，心理强大者也可以选择直接面对，甚至自黑，如在抖音拥有2293万多粉丝的头部网红“代古拉K”（如图2–2所示）凭借舞蹈走红抖音，她的成名作是其标志性的“甩臀舞”，配以标志性的笑容和魔性的背景音乐，该视频爆红抖音，获得了上亿播放量，超过1000万的点赞，属于超级爆款，是抖音上难以逾越的神话。“代古拉K”就是敢于自黑，她的个人简介是“专业毁舞一百年157cm82斤黑……”吐槽自己的缺点，反而让别人不好再吐槽

续表

要素	分析
O（Opportunities）机会	分析同行大号，罗列出他们的细分方向和优势标签，找出未被占领的细分领域，同自己的优势和特色相结合，贴上相应标签，就是自己定位的机会
T（Threats）威胁	找到自己擅长的方向后，分析同行标杆账号的特点，如果与自己擅长的互相重复，则是威胁，作为后来者，很难在同质化的方向上去超越他们。因此，要注意规避重复点，避开威胁，尽可能做到定位上的差异化，让粉丝有记忆点

图 2-2 “代古拉 K”抖音账号简介

（3）竞品维度

竞品账号即待定位领域的头部账号，不仅可以通过对竞品账号的分析实现差异化定位，规避威胁和劣势，而且可以通过对竞品账号的学习与借鉴来实现超越。

如何精准地搜寻一些同行大号呢？这里有一个数据统计网站：www.kolranking.com。该网站上有各类细分领域的抖音KOL数据和网红排行榜。打开网站首页，是一个总的抖音网红账户排行榜，呈现的内容包含粉丝量、点赞量和视频发布量。还可以查看一些近期走红的黑马号和TBD认证号，各垂直细分领域也都有大号排行榜。以美食领域为例，点开这一领域后，就可以看到该领域的头部账号排行榜（如图2-3所示）。

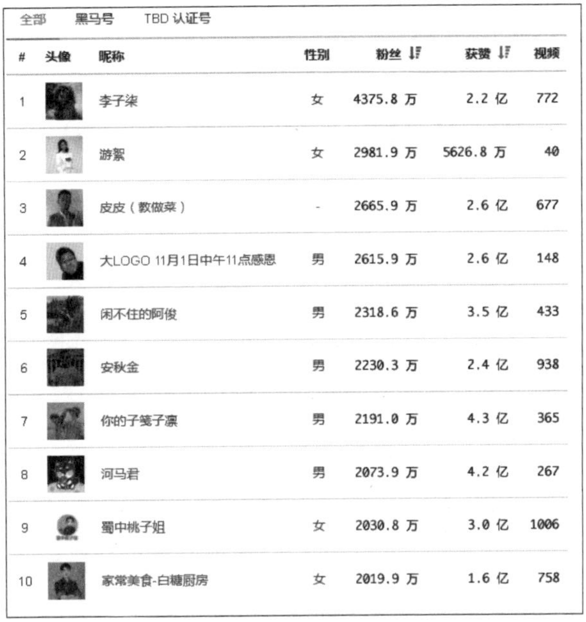

全部　黑马号　TBD 认证号

#	头像	昵称	性别	粉丝	获赞	视频
1		李子柒	女	4375.8 万	2.2 亿	772
2		游絮	女	2981.9 万	5626.8 万	40
3		皮皮（数做菜）	-	2665.9 万	2.6 亿	677
4		大LOGO 11月1日中午11点感恩	男	2615.9 万	2.6 亿	148
5		闲不住的阿俊	男	2318.6 万	3.5 亿	433
6		安秋金	男	2230.3 万	2.4 亿	938
7		你的子筵子凛	男	2191.0 万	4.3 亿	365
8		河马君	男	2073.9 万	4.2 亿	267
9		蜀中桃子姐	女	2030.8 万	3.0 亿	1006
10		家常美食-白糖厨房	女	2019.9 万	1.6 亿	758

图 2-3　抖音美食领域头部账号

此外，还可以通过蝉妈妈、抖查查、巨量百应工具选择相应领域，查找相应的竞品账号。

对竞品账号的分析可从以下角度展开（见表2-3）。

表2-3　竞品账号分析

分析方向	分析内容
账号维度	从用户名、简介、头像、背景图等方面去分析
内容维度	从视频封面、结构、内容等方面去分析，尝试用几个关键词来总结
用户维度	竞品账号粉丝群体的基本属性（如人群、男女等），粉丝喜好，粉丝状态和粉丝触点
数据维度	从视频的播放量、点赞量、评论量、转发量等数据分析竞品账号的特点
变现维度	分析竞品账号的主要变现模式、盈利方式

根据以上分析结果，可以结合自身优势，开启差异化定位，错开竞争。定位的目的是抢占客户心智。根据“切割营销”的理论，定位还要“站在竞争的角度，对复杂的市场进行切割，找到一个让消费者接受我们的区域，快速认同我们，规避与强大竞争对手的竞争，同时将竞争对手逼向一侧”。

4. 用户定位：分析用户画像

交互设计之父阿兰·库伯（Alan Cooper）最早提出了用户画像（persona）的概念，在他看来，“用户画像是真实用户的虚拟代表，是建立在一系列真实数据之上的目标用户模型”。简单来讲，用户画像即商家通过收集客户各方面的信息与数据，并将之整合为一个具有独特气质和鲜明个性的画像。

我们在描绘一个人时，通常会抓住其最显眼的特征，如双眼皮、长发、圆脸，经过这样一番描绘，就有了一个大致的人物形象。同理，所谓的用户画像，就是通过数据标签构建出用户形象。品牌通过对海量数据信息进行分析，将数据抽象成标签，再利用这些标签将用户形象具体化，最终形成的就是用户画像。

用户画像强调的是一群人，是对群体宏观的把握，体现了群体的共性，是在单一/组合维度识别下，弱化群体中每个个体的形象与特色，从而聚合的一类用户的共有特征。

被作为样本进行画像的用户必须是真实存在的用户，而不能是商家、品牌方臆想出来的客户，或者将自己视作客户，代替客户发声，这样做的后果往往是真正的客户对商家精心提供的产品或服务并不买账。

这里有一个反面案例，Google Buzz在问世之前，曾做过近两万人的用户测试，但这些用户都是Google的内部员工，测试中，他们对于Buzz的很多功能都表示肯定，使用起来也非常流畅，但当产品真正推出之后，却意外收到了来自实际用户的抱怨。

用户画像可以使产品的服务对象更加聚焦、更加精准。我们很难想象，有一种产品期望覆盖所有客户：男人、女人、老人、小孩、专家、小白、文青……这样的产品要么是毫无特色，要么是过于简陋，标准极低，因为每一种产品都是为特定的消费群体服务的，产品的目标群体基数越大，其标准也就越低。

为用户画像的核心工作是为用户打上各种各样的标签，每个标签都是特定用户相应个性特征和消费特征的高度总结，如性别、年龄、婚姻、消费习惯和消费偏好等，将所有用户标签整合在一起，呈现的就是用户画像了（如图2–4所示）。

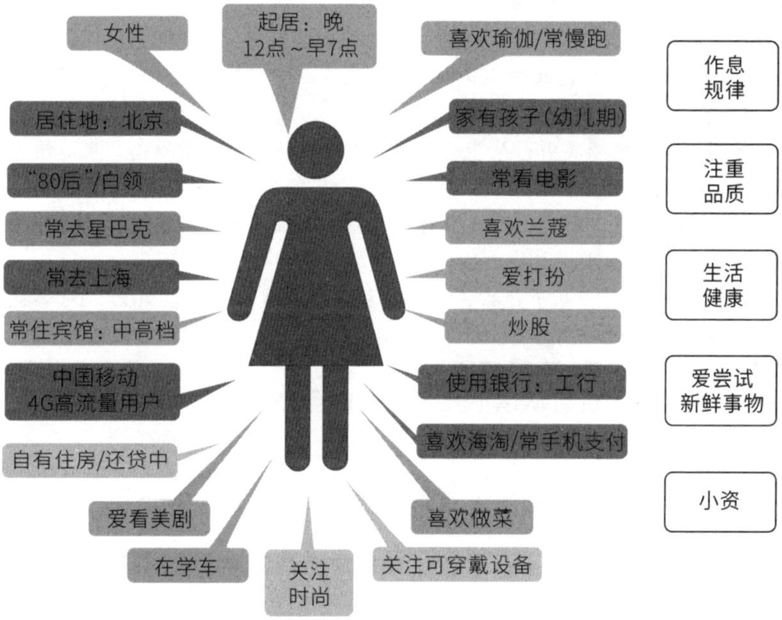

图 2–4　某女性的用户画像

抖音账号定位也应基于用户画像进行，包括抖音平台的总体用户画像和拟定位垂直领域的用户画像，让账号定位更精准、更科学。

（1）收集、分析用户信息

应先分析抖音总体用户信息，了解其用户画像（见表2–4）。

表2-4　抖音用户画像特征

（1）抖音整体人群画像，男女较均衡，19～30岁TGI［Target Group Index，TGI=目标人群中具有某一个特征的人群比例/总体人群中具有该特征的人群比例×100（标准数），TGI指数等于100表示平均水平，大于100表示该类用户对某一个特征的关注度高于整体］指标较高，新一线、三线及以下城市用户TGI高。 （2）抖音省份/城市Top10分布，广东、河南、山东省占比高，郑州、西安、昆明市偏好度高。 （3）抖音男女人群画像，男性中，19～24岁、41～45岁的用户偏好度高，女性中，19～30岁用户偏好度高。 （4）抖音高低线城市人群画像，高线城市中，19～30岁的用户偏好度高，低线城市中，19～35岁的用户偏好度高。 （5）抖音不同年龄段人群画像："95后"中，男性占比略高且TGI高；"90后"中，女性TGI高；"85后"中，女性TGI高，低线城市占比超六成；"80后"中，男性占比高且TGI高。 （6）抖音用户偏好视频类型：演绎、生活、美食类视频播放量较高，观看情感、文化、影视类视频增长较快。 （7）男性用户对军事、游戏、汽车偏好度较高，女性用户对美妆、母婴、穿搭偏好度较高。"00后"对游戏、电子产品、时尚穿搭类视频偏好度较高。 （8）"95后"对游戏、电子产品、穿搭类视频偏好度较高。"90后"对影视、母婴、美食类视频偏好度较高。"80后"对汽车、母婴、美食类视频偏好度较高

对用户画像的分析可从以下几个方面进行：

第一，性别比例。

从性别比例分析发布的内容更吸引着哪一类人群。如果男性用户居多，要多提供男性感兴趣的内容和产品；如果女性用户居多，则要做与女性相关的内容和产品。

第二，年龄层的分布。

从年龄层的分布图可以看出相应自媒体的内容比较吸引哪个年龄层。分析该年龄层的特征，分析他们对什么样的内容和产品更加感兴趣，根据这些情况进行内容布局和带货产品挑选。

第三，地域分布。

有时候用户的行为带有很强的地域属性，地域属性包括用户所在的城市、用户所处的社区或用户的一些行进路径等。不同地域的人往往有着不同的消费习惯。

第四，活跃时间。

用户的活跃时间对我们发布内容、进行直播带货具有重要的指导作用，通过用户集中的活跃时间段来进行内容发布和直播带货，才能被更多用户看到。

第五，终端分布。

这里的终端是指用户使用的终端设备，有些平台提供的是用户所用终端设备的价格区间数据，有些则提供相应的品牌数据，即苹果、华为、OPPO、vivo等终端设备品牌，通过价格和品牌特征，可以判断用户的经济实力。

第六，行为特征。

不同用户有不同的行为路径和行为倾向，如活跃时间、活跃天数、阅读路径、阅读喜好、关注主播等。

分析以上用户画像特征，可以做到“知己知彼，百战不殆”，是账号定位的前提。

（2）细分用户群

平台用户画像是总的用户特征，在进行账号定位时，还要根据细分垂直领域，对用户群体做进一步细分。

抖音账号定位可以结合意欲进军的细分领域，观察、分析该领域头部账号的用户情况，抽取出其典型特征，赋予其各个标签，最后形成总体的用户画像。

对用户群体进行细分，可以借助以下几项指标进行筛选、细化、归类：

第一，基础属性。

目标用户的基本信息，包括性别、年龄、文化程度、地域、行业等属性。

第二，经济属性。

目标用户的经济状况以及消费观念。

第三，文化属性。

目标用户的教育情况和专业背景，以及习惯爱好，包括智力水平、所处文化层次、喜好文化的类型、对文化的个性化需求等属性。

第四，社群属性。

目标用户在社会关系上的需求，包括交友、恋爱、归属、领导、合作等方面的需求属性。

第五，硬软属性。

硬属性是指目标用户所拥有的设备及相关条件，软属性是指目标用户对网络以及软件（抖音）的熟悉程度。

（3）丰富用户标签、画像

通过对特定用户相关画像数据的分析及判定，为分类数据贴上相应的标签及指数。标签表示用户的个性特征、兴趣、偏好、需求等，指数则表示用户的兴趣程度、需求程度、消费概率等。

以上标签、画像即垂直细分领域的用户画像，基于此，就可以进行账号定位，形成完整的账号用户画像。

完成账号定位和用户画像后，要做到用一句话来概括这个账号是做什么的，这样才能说明账号定位，包括用户定位都是清晰的。如果能够清晰地用一句话来表达，那么说明对于账号的思考是很清晰的。例如，抖音网红“MR-白冰”的一句话定位“钢铁直男-爱好车、特宠粉、超爱吃、不挑食”（如图2-5所示），账号定位非常清晰，突出车、吃、宠粉，其用户受众群体也比较清晰——喜欢车、喜欢吃的用户。

图 2-5 “MR- 白冰”抖音账号主页

5. 人设定位：打造人格化IP

IP的英文全称为Intellectual Property，直译为知识产权。

个人IP可以理解为个人品牌、个人形象及个人专属标签。个人IP是一个人言谈举止与行为的集合，是个人标签、人设的定位与塑造。你的IP品牌就是别人对你的印象与评价的总称。

在互联网时代，只有两种人：一种是有IP的人，另一种是没有IP的人。个人IP打造得好，名利双收；缺乏个人IP，可能举步维艰。

举例来说，罗永浩就是一个鲜明的个人IP。他在新东方做过英语老师，是最早的网红之一，被誉为中文互联网上第一代精神偶像。罗永浩办过网站，创立过自己的手机品牌——锤子，目前是抖音平台的签约带货主播。

2020年4月1日，罗永浩在抖音进行直播首秀，直播间累计观看人数达4800万人，其中绝大多数粉丝是冲着罗永浩的人设而来，他们声称要去直播间看老罗说相声。

罗永浩这场历时3小时的直播，成交额超过1.7亿元，订单量达90万单。

这就是顶流IP的变现能力。

一个好的IP可以增强账号的辨识度，深化粉丝对账号的认知以及信任感。具备人格化的IP账号需要满足以下属性：

第一，文化属性。

此处所讲的文化不是指文化知识，而是指基于人文、专业技术方面的文化属性。

第二，情怀属性。

每个人都有情怀，现在抖音平台上很多地理IP、动物IP、虚拟IP都有情怀。博主（账号主理人）要打造IP，就更需要有自己的情怀属性。

第三，符号属性。

符号就是指IP名称、账号的包装设计，以及博主的形象等标志物，需要具有独特的辨识度。符号要与IP属性融为一体，不能强行植入。

第四，传播属性。

IP最大的特征是传播，如果大部分用户没有自发传播你的动力或者冲动，那基本上可以判断你还不具备IP属性。

当博主被贴上标签，与账号标签融为一体时，便拥有了属于自己的IP。

简单来说，IP就是人设。你能给别人留下什么印象、你的标签是什么、你的角色是什么，人们提到你的时候，最先想到的就是什么。

其实IP定位就是给自己树立一个人设，需要不断明确和加强账号及博主的角色特质。人设定位是人物展现给用户的一个直观形象，包括人物的外在形象和内在性格。这种外在形象和内在性格会通过账号分享的视频内容而不断强化，直至成为独一无二的辨识标签，牢牢占领用户的心智。

例如，抖音超级网红“黑脸V”，他的人设是人气视频创作者，视频特点是酷帅，真人出境，但视频中从不露脸，戴着黑色口罩、黑色鸭舌帽，充满神秘感，呈现出来的专属印象是“特效”“神秘”“黑衣”，“黑脸V”的每个视频都保持这种风格，形成了强烈的个人特色，吊足了观众的胃口，容易引起人的好奇心，让人过目不忘。

怎样打造一个好的人设和IP定位呢？可从以下几个维度来展开：

第一，塑造独特的辨识度。

辨识度是打造IP的第一步，应遵循两大原则：专属特点和匹配。

辨识度指的是和别人的差异化区分，能让用户容易记住。比如，杜子建银白色的长头发。再如，甜美人设“冯提莫”、知性人设“女流”、最皮人设“大司马”、性感人设“张琪格”等，有了这些明显特征的人设加持，让博主将自己的特色发挥到最大化，也在观众的心目中形成了鲜明的性格特征，十分利于博主在观众心中建立形象。

在设计人设/角色的时候，需要具备能让观众印象深刻的“点”，这样观众才能真正记住这个人物、记住这个账号。打造人设的辨识度可以从人物性格、经历、穿搭、口头禅（高频词）四个方面入手。

如果形象上没有特点，建议用一个吸引眼球的道具作为辅助，甚至可以在旁边放一只猫或一只狗，表现博主对小动物的喜爱，让人联想到“善良”这个属性。

匹配指的是账号IP、博主形象与视频内容格调一致，避免出现偏差，以免损害IP形象。

第二，塑造人设。

人设，即博主的人物设定。塑造人设的过程中可以使用SRIL法则（见表2-5）。

表2-5　SRIL法则

S（Superiority，优势） 优势分析	优势包含两种：硬件优势、软件优势。硬件优势是在一定时间内难以改变的东西，如身高、颜值、性格；软件优势则是可以通过学习、努力来获得的优势，如各种领域的专业知识
R（Risk，风险） 风险分析	分析在未来会不会招惹麻烦，主要考量四个维度：法律、道德观、价值观与隐藏的黑料。从法律层面，不得触犯法律边缘，挑战国家社会底线；从道德观层面，不得做有违道德底线的事；从价值观层面，需符合社会主义核心价值观；从黑料层面，查询达人有没有隐藏的黑料，若有，则随时可能导致人设崩塌
I（Information，识别度） 识别度分析	构建人设时，和其他类达人进行横向对比，对比他们之间有什么区别，寻找自身优势；和同类达人进行纵向对比，对比他们之间有什么区别，寻找自身优势
L（Liquidity，变现能力） 变现能力分析	是否拥有变现能力、人设是否有商务合作价值，以及未来是否有商务合作的可能性

通过SRIL法则，分析博主身上每一个可能有的优缺点并全部列举出来，做通盘分析，找到其优点及缺点，优点进行加强，缺点进行弥补或规避，塑造出有个人风格特点的IP。

第三，形成专属风格。

博主风格标签应根据自己的性格、兴趣爱好去定位，无论什么样的风格，都要能与用户有一个良好的互动。新手博主可以把自己的性格爱好一一列举出来，从中寻找到自己的风格定位。

博主风格一定是在自己性格特点的基础上进行放大的，不能背道而驰，选择完全不符合自己的风格，这样很难坚持下去。博主的风格可以结合个人性格、形象、优势、兴趣、爱好等要素，并结合用户群体的画像和喜好，可以从以下这些类型去设定：幽默风趣型、活泼可爱型、御姐型、成熟稳重型、辛辣犀利型、知识专家型等。

在博主风格方面找准自己的定位，在不断的内容分享中加强和放大，建立一个识别度很高的博主风格。

博主风格一旦确定，就不要轻易做改变，而是应该坚持下去，不断加深用户的印象，直到形成自己的专属风格。

第四，专属内容IP、专属标签。

账号输出的内容要有明显的差异化特征和强烈的个人特色，要在自己的垂直领域内传递有价值的内容，将自己所属的垂直领域彻底钻研透，将专业化呈献给用户，以提高用户信任度和用户黏性，形成自己的专属标签、专属细分领域。

博主要有自己的闪光点或特点，这样才能让观众记住。浮夸的着装打扮可以是一个标签，洗脑式的口头禅也可以是一个标签。例如，“美男子顾北”的口号是“我这该死的无处安放的魅力啊”。

标签并非越多越好，一个人具有2～3个标签是最好的，而这些标签要具有识别度和精准度，要尽量选取博主擅长的事去做；反之，标签越多，越容易降低识别度。

6. 基于垂直定位来包装账号

包装即媒体，应基于垂直定位，对账号进行包装。

必须尽快完善账号资料，越详细越好。抖音上被推荐的短视频都经过“机器 + 内部人工”双重机制的审核，首先是机器审核，第一批筛选掉的就是劣质账户，而那些资料不齐全的账户很可能首先被排除出局。

具体来说，设置账号名字、账号头像、账号简介、主页头图、抖音号等都属于账号包装的范畴。

账号包装的意义表现在以下几个方面：

第一，强化定位。

账号相关信息的包装需要同账号的垂直定位保持高度相关，通过账号包装，能够直白地告诉潜质用户你是谁、你打算做什么、你有什么优势，能够有效展示你的与众不同和专业性。

第二，流量良好的第一印象。

对待陌生人，我们习惯“以貌取人”，对于初次接触的陌生账号，用户也抱有同样的心态，会通过账号的一些基本信息去判断该账号给人的印象。完善的账号信息、完美的账号包装能给用户留下良好的第一印象。

第三，增加账号权重。

如果资料完整的账户被系统识别到，就会增加账户权重、曝光率和流量。

第四，增加关注。

当新账号发布视频后，抖音推荐机制会将作品推给具有同类标签的陌生用户，如果账号主页没有任何有效信息，陌生用户即使被视频打动而点赞、评论，他们也往往不会关注。相反，如果账号在发布第一条视频前就已经做好了充分准备，账号信息已经进行了充分完善，那么当陌生用户进入账号主页，发现账号简介所呈现的信息恰好是他们所关注的，就会点关注。

进行账号包装时，不要放过任何一个可以呈现信息的地方。但要遵循一个原则：一切账号信息的呈现都是为了帮助我们的账号变得更垂直。

（1）用户名

用户名，即抖音账号的名字、昵称。如何取个好名字？要掌握好以下要点：

第一，差异化。

用户名要避免同质化，抖音用户名重名的非常多，新注册账号权重相对较低，如果重名较多，那么展现也会相对靠后。在确定用户名之前，务必将备选名字在抖音搜索框进行搜索，以查看重复情况，如果重名者较多，就要换名字，确保差异化。

另外，名字要体现出差异点，比如服装、穿搭领域的账号，如果名字叫“××女装”“××男装”“××穿搭”，对用户来说，就没有差异点，也没有什么值得关注的价值点。

此时需要对行业继续切割、继续细分，直至找到独特的差异化亮点。比如，穿搭方面的细分账号可以这样命名：“160女生穿搭记”“小北职业穿搭”“大码胖佳佳”（如图2-6所示）。此类用户名就有明显的差异点，更容易吸引

图 2-6　抖音穿搭类账号

精准用户。

第二，容易记忆。

一个好的抖音用户名一定是简单直接、朗朗上口、容易记忆的。名字既不要太长，这样不容易记忆，也不要太短，越短的名字越容易重复。

这里有两个原则。一是要有记忆点，好传播，别人才好记；二是让别人一看名字就知道你是做什么的，让人产生联想的名字也能强化记忆。

第三，贴合定位。

让用户通过名字，就知道你是做什么的。另外，精准的用户名还可以过滤掉那些不精准的意向客户，假设你是做亲子教育领域的，不关心育儿的朋友就会自动划过。

贴合账号垂直定位的命名方式有以下三种。

一是行业 + 名字。所处的行业加上个人名字，如“美食作家×××”“×××健身”等。

图 2-7　“雪总有氧健身运动”账号主页

二是名字 + 所做的事情。如“雪总有氧健身运动”（如图2-7所示）、“超凡运动训练营”。

三是地点 + 名字。适用于同城账号，可以结合前面两种方式去做一些延伸，如“北京房产小戴”“潮汕美食阿娟”“广州美食小侦探”等。

一个好的用户名应当简洁、直接，同自己的专业方向直接相关，让用户一眼就能弄明白你是做什么的。好名字自带品牌效应，要避免取一些空洞、故弄玄虚的名字。

（2）头像和背景图片

如果是突出个人的抖音账户，建议放置个人照片作为头像或背景图片，这样容易营造信任感，可信度更高。照片要选用一些高颜值、有特色的形象照，尽量不采用生活照，尤其颜值普通者。企业组织的营销账号可以用组织logo作为头像。一些细分专业领域的账户可以设计一些个性鲜明的头像和背景照片来作为自己的识别符号。

（3）账号简介

简介栏在账号主页占的空间比较大，要充分利用起来。好的账号简介要满足以下要求：

第一，用一句话表达清楚自己的定位，告诉用户你能为他们做什么。

第二，要体现差异化，即与同行的不同之处。

第三，要突出自己的优势和卖点，能使用户关注，让他们产生信任感。

例如，“小北职业穿搭”的账号简介为“20年专注职业女装，品质值得信赖”（如图2-8所示）。

对于老号、大号，则可以在简介栏分享一些产品上新及直播信息、产品信息，如“每天直播、品质上新”“每天00:00准时上新，请您持续关注”“视频同款请进直播间购买”等。

图 2-8 “小北职业穿搭”账号简介

第三章

内容运营：优质原创内容是涨粉的基石

抖音的定位是“年轻人的音乐短视频社区”，本质上是一个内容平台。内容是所有抖音账号的核心竞争力，优质内容永远是抖音账号吸引用户的制胜法宝，也是涨粉的基石所在。

入驻抖音平台，除了要做好账号定位，还要做好内容定位，确定内容创作与运营的方向，即选择以何种方式、何种格调来做视频。

1. 内容运营：创作的关键环节

抖音账号立足抖音平台的最大仰仗是内容，内容运营是抖音创作的关键环节。优质内容是抖音账号吸引用户的制胜法宝，也是涨粉的基石所在。

（1）抖音平台的三类内容

视频只是抖音平台的一种主要内容形式，也是各类抖音账号发布内容的主要呈现方式。抖音平台上的内容不只是视频，还包括电商内容和直播内容。

第一，视频内容。

视频内容是抖音平台和抖音账号赖以生存和引流的基础。早期，抖音平台起家主要靠15秒的短视频。后来，逐渐增加了视频的长度，推出了“中视频伙伴计划”。根据官方定义，短视频是1分钟以内的视频，中视频是1～30分钟的视频，长视频是30分钟以上的视频。抖音视频最长可以上传15分钟，抖音中视频长度为1～15分钟。

如果说短视频主要用来愉悦用户，那么中视频主要用来给用户提供价值，能带给用户更高的信息价值和更强的获得感，是一种介于长短视频之间的内容形式。

短视频可以选择通俗、简单、有吸引力、无须动脑的内容，中视频则需要分享干货和价值。

加入“中视频伙伴计划”之后，可以将视频同步到3个平台（抖音、西瓜视频、今日头条），获得流量收益，即根据播放量的多少来获取收益。

加入“中视频伙伴计划”需要发布1分钟以上的原创横屏视频，且账号视频总播放量达到1.7万。

不建议新手太早加入“中视频伙伴计划”，因为新账号没有粉丝加持，视频越长，完播率越低，不利于系统推荐和账号权重积累，而且原创中视频的创作难度也较大。新账号可以先从短视频起步，积累粉丝和账号权重之后，再考虑是否加入“中视频伙伴计划”。

第二，电商内容。

电商是离金钱最近的渠道，也是抖音平台力推的一个战略方向和盈利出口。

2020年4月，在商务部电子商务司的支持下，湖北省互联网信息办公室、湖北省商务厅、湖北省农业农村厅与抖音联合发起“湖北重启 抖来助力——抖音援鄂复苏计划”，投入百亿流量，发起百场直播，支持湖北复工复产，抖音直播电商正式拉开帷幕。

2020年6月，字节跳动成立电商一级部门，电商业务作为战略业务开始起航。

与传统电商相比，抖音电商的经营链路为“用户—内容—商品—服务”，其核心基础是好内容 + 好商品 + 好服务。

抖音电商发展迅速，2022年5月31日，抖音电商总裁魏雯雯在抖音电商第二届生态大会上公布了一系列数据：过去一年，有 180 万商家新入驻抖音电商，开启了自身成长；有 386 万动销电商达人，实现自己的电商事业；还有超过 2 万家机构、服务商生态伙伴抓住兴趣电商新机遇，创造优质内容，实现盈利高速增长。

电商内容包括抖店、详情页、店铺活动指引、物流发货须知等。

第三，直播内容。

直播内容是短视频内容的延续，通过直播可以有效增加用户使用时长，相对于十几秒到几分钟长度的短视频，直播时间可长达数小时，能提高用户黏性。

直播是抖音平台和自媒体变现的一条重要通道。随着抖音电商的崛起，越来越多的抖音账号开启了直播和直播带货。

账号运营前期主要涉及视频内容运营，本书后面还会详细讲解直播内容和电商内容运营。

（2）抖音内容运营的主要工作

抖音内容运营主要包括日常性工作、阶段性工作和战略性工作（见表3–1）。

表3–1　抖音内容运营的主要工作

工作类型	工作内容
日常性工作	日常性工作是账号主理人员或运营人员每天都需要做的工作，这些工作包括但不限于以下方面： （1）收集整理可用于抖音短视频的内容素材，包括文字、视频、音频、图片等。 （2）撰写抖音短视频脚本，确定内容选题，策划抖音脚本及热点话题。 （3）统计分析抖音平台相关数据，包括粉丝量、增粉量、完播率、点赞量、转发量、评论量、转化率及用户活跃时间等。 （4）内容更新及维护，如发布视频、粉丝运营、上架商品及活动信息等。 （5）拍摄或跟拍、剪辑视频、后期制作等工作
阶段性工作	（1）直播脚本创作。 （2）直播的选品筹备工作及与选品相关的工作对接。 （3）直播过程中产品链接审核、上架、改价、活动执行等。 （4）其他具有周期性的工作内容
战略性工作	站在账号运营全局的角度去思考发展问题、变现问题，并做出具有长远和重大意义的决策工作。例如，制定抖音短视频平台的运营推广方案、组合变现方案、直播带货计划、某期直播引流宣传策略、打造KOL计划、IP实现计划等

（3）内容运营的基本环节

回到账号前期运营的工作重点——常规视频内容，其内容运营工作涉及内容定位、选题策划、拍摄剪辑、发布与持续运营等环节（见表3–2）。

表3–2　内容运营的基本环节

运营环节	详情
内容定位	内容定位主要涉及的问题有：拍什么、怎么拍、谁来拍、谁出镜、账号计划输出什么样的内容、是知识分享还是剧情内容、创作形式上是以剪辑类输出还是以真人出镜输出
选题策划	选题内容将直接决定视频的流量与受众。选题策划要切合目标受众的实际需求和痛点，要围绕用户来做，用户需求什么，我们就做什么
拍摄剪辑	对于确定的选题，要通过拍摄剪辑来呈现，一个优质的抖音视频始于创意，精于拍摄，终于剪辑。拍摄中，让主题在视频中得到充分展现，结合剪辑来优化视频的内容、控制视频的时间、添加新鲜的元素
发布与持续运营	剪辑后的视频要精心设计好标题、摘要、封面。之后，在用户活跃的时间段发布视频。视频上传后，要随时关注各种数据，并积极参与互动。围绕用户的拉新、促活、留存、转化等环节进行运营

2. 抖音内容运营的两大方向

抖音的定位是“年轻人的音乐短视频社区”。入驻抖音平台，除确定账号定位外，还应确定内容定位，即敲定内容创作与运营的方向，选择以何种方式、何种格调来做视频。

从原创度上衡量，抖音平台上的所有内容都可以分为两类：原创内容的主流玩法和模仿内容的创作技巧。

（1）原创内容的主流玩法

任何一个平台都是支持并鼓励原创内容的，抖音也不例外，做高质量的原创内容才是账号运营最靠谱的行为，也是长久之计。

确定自己视频内容的创作方式。这种定位同自身所掌握的资源、自身的优势以及专业技能密切相关。首先要做的便是这种定位。如果不能找到最适合自己的创作方式，其他的定位都是空谈。对大量抖音爆款原创内容进行研究分析，发现抖音平台上有以下几种原创视频创作模式：

第一，拍自己。

前提是自己要具有良好的外在条件，最好拥有逆天的颜值，这样就能以自己为卖点，无论怎么拍，都能靠颜值来吸引眼球。费启鸣是此类形象的代表，他是早期抖音平台十分有知名度的网红之一，也属于最早的一批网红，甚至有人称其为抖音上的一个景点。费启鸣出生于1996年，拥有180厘米的标准男神身高，颜值出众，属于校园时代的校草标准，身材也很完美，深受粉丝们喜爱，拥有近1500万粉丝（如图3-1所示）。

如果自身不具备这种条件，但能够调动其他高颜值的人为自己服务，也是可以的。如果这些条件都不具备，要有自知之明，不要勉强上镜，否则结果会很难堪。

第二，拍才艺。

如果自己的颜值不够出众，可以用才艺来凑。如果颜值可以，还拥有一身逆天才艺，那更是锦上添花，可以将受众的关注点转移到才艺上。“摩登兄弟刘宇宁”即这类实力才艺主播，主唱刘宇宁被称为宁哥哥，长相帅气，唱歌好听，“明明可以靠脸吃饭，却偏偏靠才艺”，属于实力圈粉。在抖音上拥有2400余万粉丝，几乎他们发的每一条视频，点赞量很快就能轻松突破100万，总点赞量高达2.7亿次（如图3-2所示）。

图 3-1　“费启鸣”抖音账号主页

第三，拍搞怪。

既没有外表，也没有才艺，还有没有上镜的可能？答案是有的。如果敢于抛开脸面，适度地恶搞自己，也能吸引一批口味独特的粉丝。

抖音大V“狗达”（如图3-3所示）就是此类的代表，其善于搞怪，很会耍宝，兼具颜值和才艺，每个视频都有让人爆笑的创意和亮点。

图 3-2 “摩登兄弟刘宇宁”抖音账号主页

图 3-3 “狗达”抖音账号主页

第四，拍创意。

如果有出色的内容策划能力和良好的创意，也可以将它们以视频的形式呈现出来。

第五，拍技能。

如果自己的动手能力比较强，可以拍一些小窍门、小技巧、小制作、知识分享类的视频。对于专业性比较强的工种，也可以拍自己的工作，如果是稀缺工种，平时不为大众所了解的话，那么效果会更好。

第六，拍声音。

如果声音比较动听，比较有感染力，可以借助声音优势，结合高质量内容，拍一些语音类的视频。假如有其他特长，也是一样的思路，充分扬长避短，将它们展示出来。

如果不具备上述所有优势、才能，怎么定位呢？那就去模仿，去做模仿视频。

（2）模仿内容的创作技巧

模仿视频的质量也可以很高，并不一定差于原创视频。模仿视频有其自身优势，有很多费时费力制作出来的原创视频，其引流效果可能不如模仿视频。

当然，有条件去原创的还是尽量去原创，毕竟模仿视频存在版权风险。账号运营前期，出于成本和粉丝积累的考虑，可以采取模仿视频的方式进行创作，后期则尽量通过原创走上正轨，打造独特的人物IP。

第一，进行内容模仿。

内容模仿的意思是效仿原创视频的内容表达，如某则热门原创视频是讲述一部热门电影，我们也制作一则讲述该热门电影的视频，只要角度有所不同即可。

第二，进行身份模仿。

身份模仿即就某则热门原创视频评论下的用户群体所处的年龄层进行深入了解，从而得知这则视频普遍适用于哪种人群，确定所属的真正沟通对象，之后制作这类视频时要着重吸引这个人群。

第三，进行用户兴趣点还原。

在热门原创视频的评论区看用户反映，寻找具有代表性的评论内容仔细分析，获得信息反馈，从而知道这则视频吸引到用户的兴趣点在哪里，以此获得灵感。

第四，进行策划逻辑还原。

感受热门原创视频背后策划团队的策划逻辑，仔细揣摩他们团队在构思这则视频时可能有哪些想法，其中哪些想法与你的想法不谋而合，思考他们的策划逻辑是否可以带给你做同类视频的启示。

值得注意的是，短期模仿是可以的，如果运气好，也能出一些爆款视频，获得一些粉丝，但若想长期运营账号并具备较强粉丝黏性和变现能力，逐渐往内容原创方向转型才是正途。

3. 抖音企业号内容运营策略

抖音账号分为个人号和企业号。

为什么要运营抖音企业号？

生意的本质是流量，有流量的地方就有营销，抖音作为一个巨大的流量平台，是企业进行线上曝光和内容营销的最佳载体，布局抖音平台、开设企业号，才能享受到抖音的流量红利。当前，抖音平台是企业进行内容营销的重要阵地。

企业可以通过在抖音平台的品牌营销，宣传企业产品和文化、体现企业宗旨、输出企业价值、扩大影响力、获得更大的曝光量。

正如抖音企业号商家后台的宣传语所说："好生意，看得见。平均单个视频流量价值为1262元，可以激活约18个潜在用户。"如果传统企业希望充分利用流量价值来为生意赋能，得到引流推广效果，打造品牌IP，获得精准客户的话，就可以申请抖音企业号。

（1）企业号申请

抖音企业号是企业商家在抖音做生意的一站式经营平台，可以为企业商家提供蓝v标识、用户洞察、粉丝触达、转化工具、培训指导等，使企业更好地经营用户，通过持续经营并深化企业与用户的关系，实现品牌、销量等商业价值持续成长。

企业号有企业号试用、企业号开通（又称普通）、企业号验证（又称普通Plus/普通P）、企业号认证四种身份状态，每种身份状态的开通条件及有效期如下：

第一，企业号试用。

免费，一键开通，获取60天免费试用。

第二，企业号开通。

免费，上传营业执照，通过系统验证即可开通，有效期为一年。

第三，企业号验证。

免费，上传营业执照+对公打款验证或法定代表人审核识别，通过后即可开通，有效期为一年。

第四，企业号认证。

付费（年费为600元），需进行付费人工审核，通过审核后即可开通，有效期为一年。

以上身份状态为递进状态。如要进行企业号开通，首先需要完成企业号试用；如要进行企业号认证，则首先需要完成企业号验证；同一账号在同一时间内，有且仅有一种身份状态。

（2）企业号的特权

开通企业号后，能享受到诸多个人账号享受不到的权限。

第一，蓝v认证。

抖音企业号有官方认可的蓝v标识及认证信息，昵称可以得到锁定保护，企业号之间不允许重名，先到先得。

第二，视频置顶。

企业号认证之后，最多可以置顶3个视频，用户进入账号之后就可以看到，企业可以重点展示。

第三，官网链接、联系电话。

抖音企业号可以在个人主页添加官网链接和联系电话。企业号支持官网链接一键跳转，可跳转到官方网站H5，为目标用户提供更多企业介绍。另外，企业号也支持公司联系电话一键拨打。

第四，私信自定义回复。

抖音企业号可以通过PC端直接回复用户私信，还可以自定义回复内容，避免回复不及时而造成用户流失。

用户给企业号发私信时，若触发关键词，可自动回复，及时响应。个人号的私信会被折叠，企业号信息不做消息折叠，一目了然。用户给企业号私信不做3条限制，支持评论置顶及删除，这些都是抖音个人号所不具备的权限。

第五，POI地址认领。

在POI地址位置可以展示企业详细的店铺地址，方便用户直接通过地图找到企业，同时支持电话呼出功能，提高曝光度和转化率。

第六，商家页定制。

认证后的抖音企业号还可以针对性地制作商家页面，凸显品牌价值，彰显企业特色，使企业信息展示得更全面。

第七，广告权限。

个人号发布广告内容会被平台打压、限流、降权甚至封号，企业号发布广告则不受平台打压、限制。

（3）企业号整体运营规划

在做企业号之前，要做好整体运营规划，步骤如下：

第一，账号整体规划。

对企业号进行整体定位及内容规划，明确以什么样的形式实现品牌曝光、口碑传播及转化，以及要解决什么样的营销问题，营销目标主要包括曝光、口碑、转化。

第二，内容方向规划。

解决企业号的内容生态，即我们用什么样的内容实现营销目标。企业号通常有三种表现形式——类人设、虚拟化、情感化，要评估哪一种更能实现企业的营销目标。

第三，分析目标人群。

分析用户目标人群特征及用户画像，研究他们所关注的KOL特征，深度分析这些KOL的内容风格，找到适合品牌调性的传播点，在此基础上进行人设打造、场景展示、情景剧演绎，获取精准用户及潜在客户的关注，包括广告产品及品牌logo的软植入。

第四，原创内容输出。

通过持续输出优质的原创内容来丰富和强化品牌人设。

（4）企业号内容布局

从抖音平台来看，企业号发布的内容主要有以下四类：

第一，品宣类内容。

关于企业文化、品牌形象的内容，具体有三个创作方向。一是企业老板真人出镜，用真挚的情感阐述创业历程、经营理念和品牌故事，以引起用户共鸣；二是关于企业文化和价值观的内容，该类内容相对枯燥，局限性较大，需要找到独特的切入点，才能吸引用户注意力；三是关于企业员工日常的内容，如办公室搞笑段子、知识技能、员工团建、工作内容等，给用户留下良好的印象，提升用户对企业的好感度与信任度。

第二，产品类内容。

产品视频内容的制作方向主要有新产品介绍（用口播形式制作新产品视频）、产品展示（360°展示产品，让用户了解）、产品关键词（针对独特卖点进行宣传）。

在抖音平台走红的企业和产品不计其数，其中海底捞早在2018年就抓住了抖音营销的东风，是最早介入抖音运营的企业之一。

第三，热点类内容。

除前两类同企业高度相关的内容外，企业号还应适度追一下热点，进行借势营销，如此更容易引爆流量和关注。热点类内容分为两种。一是社会热门（重要节日、重大活动/赛事、营销节点）；二是平台热门（热门话题、热门BGM/舞蹈、热门技能、热门视频）。

例如，“东鹏特饮”抖音企业账号在世界杯期间，由东鹏特饮独特人设“鹏哥”演绎世界杯主题段子（如图3-4所示），获得了极好的曝光效果。

企业号蹭热点，不要什么热点都蹭，尽量去蹭那些与品牌/产品理念、卖点契合度高的热点，东鹏特饮作为运动饮料，蹭世界杯的热点，同品牌的契合度就比较高。

第四，直播带货内容。

抖音作为一个重要的直播电商平台，企业可以通过直播带货来销售产品、变现。直播带货内容已成为很多企业抖音号的常态化工作之一。

图 3-4 “东鹏特饮”抖音账号发布的世界杯预测视频

4. 抖音账号矩阵定位及运营

所谓账号矩阵，是通过不同平台、不同账号之间建立联系，将同一品牌下不同平台、不同账号的用户流量进行账号互通，根据平台不同的规则及内容来输出企业及品牌信息，通过矩阵的形式提升用户数量及账号的商业价值。账号矩阵的运营模式既可以是多平台、多账号，也可以是单平台、多账号。

账号矩阵运营主要有两种：平台矩阵和账号矩阵。平台矩阵是指多个平台都申请账号，然后发布内容。比如，将一篇文章发布在公众号上，也可以在小红书、头条号、百家号、知乎等平台发布，这就是多平台矩阵。账号矩阵则是同一平台申请多个账号，如“东方甄选”和“交个朋友”都是在抖音平台上申请多个账号。

（1）账号矩阵的优势

建立账号矩阵的好处主要表现在以下四个方面。

第一，增加收益。

账号增加通常意味着用户增加、变现通道增加，虽然运营成本会有所增加，但如果账号能够做起来，其未来收益是非常可观的。

第二，降低账号风险。

自媒体账号通常依附平台，而平台都有各自的管理制度，来自平台的违规、限流、扣分、降权重、封号等处罚措施对自媒体创作者来说是司空见惯的。因此，如果是单账号运作，会有较大风险，而布局账号矩阵，避免将鸡蛋放在同一个篮子里是最好的分散风险的手段。

第三，细分用户群。

当前平台内容划分越来越垂直，用户群体越来越细分。如果希望账号能够产生更好的引流、涨粉、变现效果，就要尽可能做到账户细分、用户细分，用户越细分越垂直，账号的变现价值就越高。比如，“交个朋友”抖音账号矩阵就包括“交个朋友直播间”“交个朋友酒水食品”“交个朋友生活家居”“交个朋友电商学苑”等账号。在抖音平台，东方甄选不仅有“东方甄选”主账号，还有“东方甄选美丽生活”“董宇辉”“东方甄选之图书”“东方甄选明明”“东方甄选自营产品”等矩阵账号。

其实“东方甄选”和“交个朋友”的账号布局就是针对客户群体的细分。

第四，增加爆款概率。

爆款对账号的重要性不言而喻，无论是对账号权重的提升，还是对涨粉，爆款都有其不可替代的作用。多账号运作能够有效增加爆款的概率。

第五，转化变现。

差异化的账号矩阵布局可以实现全方位的推广操作，增加IP、品牌影响力，实现铺垫。

抖音账户运营的最大目的是变现。相对而言，单个账户的变现潜力是有限的，多个账户增加了变现渠道的数量，产生的利润不仅仅是在最初基础上的倍增。

第六，提升品牌形象。

抖音账号矩阵可以实现全方位的品牌宣传，全面展示品牌综合硬实力，建立坚实的品牌支撑，增强用户信任度，这在一定程度上影响了用户的消费选择，反复的内容触达也能增加用户黏性，提高转化率。

（2）账号矩阵的类型

账号矩阵的类型主要有以下几种。

第一，机构矩阵。

由直播机构或MCN（Multi-Channel Network，网络直播营销主播服务机构，是指培育主播，并为主播开展网络直播营销等活动提供服务的机构）机构建立的账号矩阵。直播机构以“东方甄选”和“交个朋友”为代表。

MCN是直播电商生态系统中不容忽视的一股势力。截至2022年8月，我国已拥有超过2.4万家各类MCN机构，当前，大部分网红主播、明星主播都加入了MCN机构。

MCN矩阵是同一机构之下多个账号联合的模式，各个账号之间可以互相导流、宣传推广。

第二，IP矩阵。

由同一IP发展而来的账号矩阵通常适用于比较火的头部IP。

比如，抖音美妆IP“柚子cici酱”（1394万粉丝）火了之后，主播又申请打造了“柚子吃了吗”（222.8万粉丝）、“柚子买了吗”（288.9万粉丝）[①]系列账号。其中，“柚子cici酱”是剧情类美妆账号，“柚子买了吗”是美妆产品种草账号，推荐各种美妆产品，引导用户购买，而“柚子吃了吗”则延伸到了美食领域。每个账号都有各自的垂直细分领域。

“深夜发媸”也是一个时尚美妆自媒体IP矩阵，其账号共有四个。主账号“深夜发媸”发布综合时尚内容，“深夜种草”主要介绍美妆护肤产品和时尚穿搭，“明星照妖镜”主要写明星八卦，另有个人账号“深夜徐老师”，主要用来更新穿搭内容以及徐老师的日常。

第三，个人矩阵。

个人矩阵是指个人开立一个主账户，然后开立一个小号。这种类型的矩阵不太常见，因为它的缺点很明显：同一个人在多个账户中反复出现，对个人IP没有贡献，而且两个账户的权重会相互影响，很容易被抖音平台识别为营销账户。

① 相关统计数据截至2023年3月。

第四，团队矩阵。

前期，团队成员共同打造主账号，待主账号拥有一定粉丝量和影响力之后，团队成员再分别开号，围绕主账号互相宣传、导流。

第五，家庭矩阵。

由家庭成员各自的账号所形成的矩阵，形成的是家庭人设。例如，服装品牌霞湖世家除了抖音官方旗舰店的主账号（老板郭长棋的直播账号），还有很多家庭成员关联矩阵账号——郭长棋的儿子小郭总和女儿郭雨婷都有自己的账号，而且都有各自的人设。

第六，品牌矩阵。

品牌方由于具备资金优势、人才优势等，在打造自媒体账号矩阵上有着天然的优势。

例如，国货美妆品牌花西子旗下账号众多，在抖音平台布局有“花西子官方旗舰店”“花西子彩妆”“东方有佳人”“花西子妆养旗舰店”“花西子京选”“花西子礼物精选”等账号（如图3-5所示）。

图 3-5 “花西子”抖音账号矩阵

花西子的账号都以国风美妆为主要内容风格，但每个账号的细分内容定位又各不相同。

（3）矩阵账号的导流

对于矩阵账号，常见的导流方法有以下几种。

第一，各个账号之间客串，合拍视频。

比如，账号主理人在不同的蓝v矩阵号之间频繁客串，扩大平台的影响力，实现曝光增加。如果人物没有出现在画面中，也可以考虑用具体形象，如商品或大门，来吸引人们的注意力。

第二，在评论区进行互动，互相@对方。

这是一种更安全的引流互动方式，不必担心违反抖音平台的规则。

第三，在账号关注中，只关注关联的矩阵账号。

例如“柚子吃了吗”和“柚子买了吗”的关注账号都只有3个，分别是对方、主账号“柚子cici酱”和DOU＋小助手（如图3–6所示）。

图 3–6 “柚子吃了吗”和“柚子买了吗”关注用户列表

第四，在账号介绍中标出其他矩阵账号，引导粉丝关注。

5. 推广：爆款就要“抖”出去

爆款短视频是稀缺的。大部分爆款短视频是平台推荐机制和叠加推荐的结果，也有一些是推广的结果，是运营方充分利用抖音平台规则和算法机制顺势而为的结果。

对一些有爆款潜质的视频，在平台推荐机制之外，运营方也要充分借助各种推广手段，将爆款视频“抖”出去。

(1) 投“DOU+”上热门

在抖音账号后台“创作者中心”有一个“上热门”的栏目（如图3-7所示），这是抖音官方推出的一款视频推广加热工具，其名字叫“DOU+”，直白地讲，就是花钱买流量的推广工具。

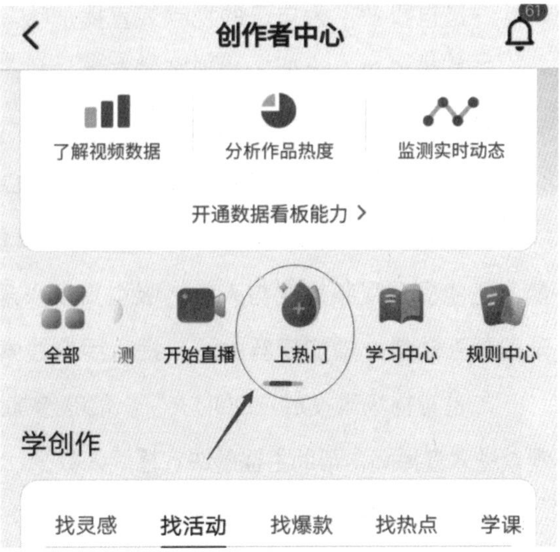

图 3-7 抖音创作者中心

第一，“DOU+”和信息流广告的区别。

“DOU+”和信息流广告不同，“DOU+视频”不能带有广告标记，它是与视频自然流量进行无缝融入的，等于在自然流量池中获得额外流量。

第二，“DOU+”的投放范围。

“DOU+”的投放模式有以下三种：

一是系统智能投放。系统自动匹配将该视频推送给可能对该视频感兴趣的用户。

二是自定义定向投放。根据目标用户的标签进行自定义投放，如性别、年龄、地区、兴趣等标签。

三是达人相似粉丝投放。可以将视频推送给与账号标签相似的达人粉丝。

第一种投放模式可以在账号垂直度、辨识度及标签较完善时使用。第二种投放模式采用得比较多，它可以根据要求进行尽可能精准的投放。第三种投放模式对于一些特定类型的账号效果和转化会更好，但对于一些类型的账号则最好不要选择过于火爆的达人进行投放。因为粉丝量越大，粉丝特征越分散，粉丝精准度越不高。

第三，“DOU＋”的投放模式。

“DOU＋”的投放模式包括以下两种：

一是自投放，为自己的视频或直播加热。

二是代投放，为他人的视频或直播加热。

第四，“DOU＋”的投放场景。

抖音视频和直播场景都可以通过投放“DOU＋”来引流。

一是视频场景投放“DOU＋”。不仅能高效提升视频播放量与互动量，还能提升视频热度与人气，吸引更多兴趣用户进行互动与关注，实现提升视频互动量、增加粉丝关注、提升用户线索留咨等目标。

二是直播场景投放“DOU＋”。能够增加直播间热度、曝光度，吸引更多观众进入直播间，帮助主播解决直播间人数少、粉丝量少和冷启动难等问题。

第五，“DOU＋”的投放费用。

“DOU＋”30元就可以起投，目前“DOU＋”的流量转化比例约为100元=5000播放量。

在进行“DOU＋”投放时，一定要选择质量较优且有一定播放量和点赞量的视频，最好是有爆款潜质和爆款苗头的视频，而那些没有爆款潜质的视频则没有必要浪费推广费用，如果内容不过关，即使投放再多的

“DOU+”，最后可能也是“烂泥扶不上墙”。

总之，“DOU+”是帮助账号增加流量并找到账号精准定位的推广工具，能让优质内容事半功倍地上热门，但它很难让劣质内容起死回生。

第六，投放数据复盘。

尽量选择小金额、低时长进行分期投放，投放后实时监控数据，效果好则追投，效果不好则及时收手。

每次“DOU+”投放结束，官方都会给你发一份详细的数据报告，谁看了推广的内容、看了多长时间、他们是从哪里来的、有什么兴趣偏好，一目了然。

对投放数据进行复盘，能够让投放更精准，推广效果更佳。

（2）自定义达人投放

找到对标达人来进行投放，可以在系统提供的垂直行业中选择行业，或者在抖音搜索巨量算术中输入所在领域的名称，点击关联分析，选择几个热度高的热门词，再去抖音放大镜把它们搜出来，选择与自己的作品相似、数据内容优秀的达人，系统会将视频推荐给与达人粉丝兴趣相近的人群，吸引精准流量。

（3）参加热门挑战

上热门最简单的方法是什么？利用抖音的“热门挑战”功能，判断话题火爆的潜力，选择最可能火的话题进行模仿。

（4）利用小号分时段互动

爆款视频的基础仍然是优质的内容。对于有爆火潜力的视频，发布后，可安排抖音小号去进行分时段互动。为了确保视频不被流量高峰的海量视频淹没，需要最大限度地利用抖音系统的时间效应——不断地在视频推荐暂停时，通过抖音推广小号与需要推广的视频进行互动，刺激抖音系统对视频质量重新进行判断，再次推荐视频进入更多的流量池播放。

（5）高频次转发

目的是增加被转发视频的曝光度，从而吸引用户关注。转发率是抖音系统评判视频质量的重要因素之一。视频被转发的次数越多，系统对视频的受欢迎程度判定就越高。高频次转发有助于提升对视频的推荐量和账号的权重。

第一，QQ群转发。

将新上传的视频链接发往QQ群的聊天页面中，只要视频的标题和封面照片足够吸引人，就能够引来足够的点击量，尤其在一些千人大群中。QQ群不像短视频平台。短视频平台有各种五花八门的视频供大家选择，很容易造成审美疲劳，也很容易让新视频一下就被埋没掉。但QQ群不一样，群成员日常接收的多是文字、图片性信息，视频内容会让他们眼前一亮，即使是作为偶尔的调节和娱乐，也会吸引很多人点击，这些都是有效的流量。

第二，朋友圈转发。

相对于抖音，微信朋友圈的黏性更强，尤其一些亲朋好友很多的微信账号。我们经常在微信上看到一些集赞的朋友圈信息，只要好友数量够多，通常大家都愿意给个面子，很轻松就能完成集赞任务。

同样的道理，如果将自己制作的抖音小视频分享到朋友圈并配以文字说明，表达清楚自己的用意，会达到非常好的引流效果。如果更有耐心一些，还可以将小视频精准分享给具体的朋友，这样效果更佳，从而完美地达到撬动抖音短视频第一阶段的播放、点赞和评论数据，进入下一轮推荐。

（6）利用叠加推荐

视频发布之初，可以利用个人或团队之力去引导用户点赞、评论，做好互动。不过，当作品成功触发系统的推荐机制，被推广到更大范围以后，仅凭自身力量就很难再进行干预了。这个功夫要下在前期的内容策划和制作阶段，有意设置一些具有互动性、趣味性的话题和要素，引导大家去参与互动，进而形成二次传播热潮。

6. 规避内容禁忌与违规红线

在抖音账号运营过程中，一些新手会遇到各种各样的问题，以下是他们经常问及的问题：

为什么我的视频不能投“DOU +”？

为什么我的账号被限流了？

为什么我的账号被封禁了？

……

出现上述问题最主要的原因可能是账号运营者不了解抖音平台规则，触碰到了抖音内容运营的雷区，触犯了平台规则，在视频中使用了敏感词或在直播中出现了敏感行为，导致要么作品审核不通过，要么账号被限流、被降权，严重的甚至被封号。

（1）抖音账号运营的雷区

抖音账号运营需要注意规避以下几个雷区。

第一，刷粉。

刷粉、刷赞、刷播放量在抖音平台都属于违规行为，被发现后都会被处罚。

第二，互粉。

不要在账号前期为了涨粉而自作聪明地去做互粉、回赞，大量互粉的账号会被降权。

第三，频繁编辑个人信息。

创建账号时，要一次性编辑好个人信息，不要频繁修改，尤其在养号期间，频繁修改信息是平台很不喜欢的行为。

第四，发长视频。

抖音新账号尽量不要发长视频。因为在账户刚刚建立的时候，没有粉丝基础，陌生用户根本没有兴趣看太长的视频，视频完播率会较低，会导致流量和推荐受限制。

第五，营销引流。

将抖音当作产品展示池，直接发宣传片推广，到处引流、发私信，营销性质太浓，这样会被系统判定为营销号，导致限流、降权。

第六，大量删除作品。

大量删除作品会降低账号权重，一天内最好不要删除超过1个作品，建议先将待删除的视频移入“私密”内容，然后删除。

（2）抖音敏感词汇汇总

“DOU＋”投放审核不通过的原因有很多，敏感词违规就是其中一个。例如，使用了一些夸张的词语，如“超”“最”“大牌”“正品”等词语。

抖音平台的违禁词有很多，如果由于不了解、无意识地加了一些违禁词，从而导致发不出视频或被限流、被降权是很可惜的。“工欲善其事，必先利其器”，要运营好抖音账号，首先需要把规则学习好。

抖音平台常见的违禁用词、用语主要包括以下这些（见表3–3）。

表3–3　抖音平台违禁用词、用语

类型	详细内容
极限用词、用语	（1）严禁使用“国家级”“世界级”“最高级”“第一”“唯一”“首个”“首选”“顶级”“国家级产品”“填补国内空白”“独家”“首家”“最新”“最先进”“第一品牌”“金牌”“名牌”“优秀”“全网销量第一”“全球首发”“全国首家”“全网首发”“世界领先”“顶级工艺”“王牌”“销量冠军”“NO1”“Top1”“极致”“永久”“王牌”“掌门人”“领袖品牌”“独一无二”“绝无仅有”“史无前例”“万能”等

续表

类型	详细内容
极限用词、用语	（2）严禁使用“最高”“最低”“最”“最具”“最便宜”“最新”“最先进”“最大限度”“最新技术”“最先进科学”“最佳”“最大”“最好”“最新科学”“最新技术”“最先进加工工艺”“最时尚”“最受欢迎”“最先”等含义相同或相近的绝对化用语。 （3）严禁使用“绝对值”“绝对”“大牌”“精确”“超赚”“领导品牌”“领先上市”“巨星”“著名”“奢侈”“世界/全国×大品牌之一”等无法考证的词语。 （4）严禁使用“100%”“国际品质”“高档”“正品”“国家级”“世界级”“最高级”“最佳”等虚假或无法判断真伪的夸张性表述词语
时限用词、用语	限时须有具体时限，所有团购须标明具体活动日期，严禁使用“随时结束”“仅此一次”“随时涨价”“马上降价”“最后一波”等无法确定时限的词语
权威性用词、用语	（1）严禁使用“国家××领导人推荐”“国家××机关推荐”“国家××机关特供”等借国家机关、国家机关工作人员名义进行宣传的用语。 （2）严禁使用“质量免检”“无须国家质量检测”“免抽检”等宣称质量无须检测的用语。 （3）严禁使用“老字号”“中国驰名商标”“特供”“专供”等词语（唯品会专供除外）
疑似欺骗消费者的用词、用语	严禁使用疑似欺骗消费者的用词、用语，如“恭喜获奖”“全民免单”“点击有惊喜”“点击获取”“点击试穿”“领取奖品”“非转基因更安全”等用词、用语
刺激消费者抢购心理的用词、用语	严禁使用刺激消费者抢购心理的用词、用语，如“秒杀”“抢爆”“再不抢就没了”“不会再便宜了”“错过就没机会了”“万人疯抢”“抢疯了”等用词、用语

（3）直播违规行为

除了视频内容需要注意避免使用违禁用词、用语外，在抖音直播间直播时也应注意避免一些违规行为（见表3-4），直播间不是法外之地。

表3-4 抖音直播间违规行为

类别	详细内容
一般违规行为	（1）着装暴露、妆容不雅、言语低俗。 （2）直播中开车、抽烟、喝酒等危害生命健康的行为。 （3）恶意发布广告、展示联系方式或以任何形式导流用户私下交易。 （4）直播攀岩、跳伞、口吞宝剑等危险行为。 （5）直播中存在长期静态挂机、播放个人或他人直播视频回放等行为
中等违规行为	（1）直播内容带有性暗示、性挑逗、低俗趣味的行为。 （2）直播内容荒诞惊悚、影响社会和谐。 （3）直播中公开募捐或直播私下的慈善行为。 （4）展示千术、赌术。 （5）展示行医行为，销售药品等任何关于医疗的直播。 （6）直播未经授权的、未备案或含有低俗暴力内容的影视剧、电视节目、广播节目、游戏。 （7）直播宣扬伪科学、违反公序良俗的内容。 （8）直播中进行侵害或涉嫌侵害他人合法权益的行为
严重违规行为	（1）反对宪法所规定的基本原则。 （2）危害国家安全，泄露国家秘密，颠覆国家政权，破坏国家统一，出现涉军事秘密和军警制服类信息或穿着国家公职人员制服直播的。 （3）损害国家荣誉和利益的或调侃革命英烈、革命历史的。 （4）煽动民族仇恨、民族歧视，破坏民族团结的。 （5）破坏国家宗教政策，宣扬邪教和封建迷信的。 （6）散布谣言，扰乱社会秩序，破坏社会稳定，妄议国家大政方针，炒作社会敏感话题的。 （7）散布淫秽、色情、赌博、暴力、凶杀、恐怖或教唆犯罪的。 （8）侮辱或诽谤他人，侵害他人合法权益的。 （9）组织、宣传、诱导用户加入传销机构的。 （10）未成年人出镜或者进行直播。 （11）直播入驻信息造假

第四章

选题策划：如何持续做出爆款短视频

绞尽脑汁策划出来的新选题，挖空心思写出来的短视频脚本，辛辛苦苦拍摄的短视频，上传后却石沉大海，根本没人看、没有播放量，原因何在？

问题很可能出在选题上。选题不对，一切努力都白费。选题的好坏直接决定视频的播放效果。选题策划能力是抖音创作者的一项基本功，选题得当，在引流涨粉上能收到事半功倍的效果。

1. 什么是公认的优质短视频

短视频运营需要持续的优质内容输出，优质内容是建立在源源不断的选题之上的。

进行短视频选题策划之前，应了解优质短视频所需具备的基本原则和基本要素，应了解什么样的视频才能被受众所接受、所传播，这样才能创作出“叫好（有质量）又叫座（有流量）”的优质短视频。

（1）优质短视频的3B原则

3B原则是由广告大师大卫·奥格威提出的。3B是Beauty（美人）、Baby（幼儿）、Beast（动物）。在奥格威看来，以3B为表现手段的广告符合人类关注自身生命的天性，最容易赢得消费者的注意和喜欢。

不仅仅是广告领域，短视频创作也应符合3B原则，抖音平台上很多优质爆款短视频都是对3B原则的运用。

第一，Beauty（美人）。

Beauty代表着美女的力量和性感的魅力，爱美之心，人皆有之，美人容易使人们心情愉悦，在所有短视频元素中也是数一数二的眼球杀手，不单男性喜欢欣赏美女，女性的眼球也容易被其吸引。

在抖音平台，具备了Beauty要素，就掌握了流量密码。Beauty要素在抖音短视频创作中不单单指美女，也包括美男帅哥。

第二，Baby（幼儿）。

Baby不仅指婴儿，而且可以放大到幼儿、儿童的范围。幼儿能释放出一种纯真的魅力，喜欢小孩子是人的本能之一，尤其能唤醒成年女性最原始的母性。当短视频中呈现幼儿天真、可爱、笨拙的行为和语言时，很容易激发人们的怜爱之心。例如，“Q宝”“kuaikuai快快”“SASA的丸子妹”等抖音账号就由于很好地抓住了Baby元素而走红。

第三，Beast（动物）。

动物是自然魅力的最佳表现。在生活节奏越来越快、人与人越来越疏远的现代社会，人与人之间的交流和信任感日渐减少，很多人将感情寄托在了动物和宠物身上，宠物类的视频也因此大行其道，如“柯铭”“麻蛋和丑丑”等抖音账号以动物为创作主题的视频很受欢迎。

（2）优质短视频的四大功效

如何打造优质短视频呢？最好的办法是抓住受众的情感需求，触动他们的内心。

第一，让人一见倾心。

简单来说，就是一切看颜值。赏心悦目的美女和帅哥永远都能靠外表吸引力抓住受众的眼球，让大家一见倾心，成为爆款的可能性会得到极大提升。如果具备这种先天条件，可以大胆秀出来。

第二，让人开心。

清风拂杨柳，敢问是抖友？其实大部分抖友的追求很简单，能让他们开心一笑，就算得上是成功了。搞笑类视频适用于绝大多数抖友，这类内容也容易出现爆款。

这类视频的制作也是功力的展现，考验的是创作者的“策划力＋剧本力＋表演力＋表情力”。总之，要想方设法把观众逗乐。

第三，让人由衷佩服。

让大家由衷佩服，发自内心叹息“服了”“给跪了”的视频基本也就成功了。它的卖点是稀缺、高难度的技能、专业，是大部分人做不到甚至见都没见过的情形，用户愿意给予点赞、评论，以示鼓励、佩服。

让用户发自内心佩服的多是技术流选手。比如，抖音超级网红“黑脸V”，其特点是从来不露脸，而是凭借各种特效炫技来吸粉，是抖音上的技术流选手，其才华横溢，又带有一丝神秘色彩，是众多抖音爱好者所膜拜的大神级网红。

第四，引起情感上的共鸣。

什么样的内容能够引起大家的共鸣？是能够让大家感同身受、说到大家心坎儿里、直击心理弱点的视频。比如，抖音上有很多“‘80后’已经老了”的视频，内容很简单，计算出“80后”的实际年龄，再配以悲怆的音乐，便容易让人动容。再如，有这样一条视频，视频的内容为“父母离婚，孩子被判给了爸爸，高二男孩得知消息的一刹那，不顾一切狂奔试图追回妈妈”，让人泪奔，该作品就很好地抓住了大家心理上的弱点，引起了情感上的共鸣。

（3）优质短视频的八要素

除了以上特征，优质短视频往往还具备以下要素（见表4-1）。

表4-1　优质短视频的八要素

序号	要素	解读
1	引起共鸣	相同的观念、遭遇、经历等都容易引起共鸣
2	利益相关	同受众群体利益、地域利益等息息相关的内容容易引起关注
3	引起思考	有关人生哲理、工作经验、生活感悟的内容容易引起思考
4	引起好奇	人都有好奇心。好奇心有两种：一是消遣性好奇心，二是认识性好奇心。无论激发哪种好奇心，都能引人关注，让人想“一探究竟”
5	满足幻想	感情幻想、生活憧憬、别人家的男朋友、别人家的女朋友、别人家的宠物、别人家的豪车豪宅、别人家的可爱baby，那些能够带给人美好幻想和憧憬的内容容易引起关注
6	感官刺激	包括能带给人听觉刺激、视觉刺激、味觉刺激、嗅觉刺激的内容等
7	激烈冲突	日常生活是平淡的，能够体现冲突内容的短视频，比如角色身份的冲突、反常识的冲突、剧情反转的冲突、强烈反差造成的冲突、反认知的冲突等都容易吸引眼球
8	价值传递	有用的信息、有价值的知识、有用的常识等可提供价值的内容也有其市场

2. 选题策划的四大核心原则

我们经常看到抖音创作者抱怨自己辛辛苦苦拍摄的视频上传后却石沉大海，只有屈指可数的点赞和评论，积极性备受打击。

不能否认这些朋友的用心，不过他们很可能错在了视频创作的关键环节——选题上。

如何巧妙地选择一些自带流量的热门选题是抖音创作者的一项基本功。选题得当，能够收到事半功倍的效果；选题不对，努力白费。选题的好坏在很大程度上决定了视频的传播效果。

短视频选题策划要遵循以下基本原则。

（1）符合账号垂直定位

选题策划要同账号的垂直定位高度相关，确保选题的垂直度，只有垂直的内容才能被平台推荐算法重点关注，分配流量并吸引精准粉丝。

账号完成垂直定位之后，选题策划就不要越界，避免无关的跨界选题和庞杂内容，坚持在垂直领域进行选题策划，进行内容深耕，保持长期高质量地输出内容，才更有利于占据头部流量，成长为垂直领域内的头部账号。

在抖音平台做垂直领域的选题策划、内容输出，前期会由新鲜感来驱动，靠毅力坚持几个月也不太难，难的是常年如一日地坚持策划高质量的选题。时间久了，即使创作者有激情和非凡的毅力，也很可能因为素材的匮乏和创意的枯竭而难以为继。一旦不能持续进行内容分享，本来黏性不高的粉丝就会纷纷离去，掉粉不可避免。

如何才能确保持续性的选题策划能力呢？死磕垂直领域的专业知识和专业技能，不断精进，持续实践、优化、创新。如此，流量一定会持续伴随你。

下面分享一个极具说服力的案例。

在很长一段时间内，不少香皂厂家都认为香皂的功能是显而易见的，没必要去做过于深入的研究分析。后来有一家知名香皂生产厂商组织专业人员对香皂与人体皮肤、组织、毛发之间的关系进行了长期的深入研究，还将研究结果编写成了厚厚的一本书。这本书到了公司广告人员手里，奇效出现了，广告人员通过认真阅读该书，产生了源源不断的好创意，这个过程竟然持续了5年之久，在这段时间内，该厂家的香皂销量竟然增加了10倍。

这是深入钻研行业专业知识的价值所在，这些研究成果能够使企业的营销工作不再是无源之水，也不再是空中楼阁。

抖音创作者钻研垂直领域的专业知识也有同样的效果，研究得越深入、越透彻，专业选题和创意才越能源源不断地涌现出来。

（2）迎合抖音热门题材

首先，要迎合平台规则，违规选题不能做，不符合平台调性的选题也不能做。

其次，要顺势而为，迎合抖音热门，选择那些更容易出爆款视频的题材来策划选题，从而起到事半功倍的效果（见表4–2）。

表4–2　抖音常见爆款视频类型

类型	详情
技能类	生活技能、文艺技能、学习技能、工作技能、情感技能等
夫妻类	宠溺类、霸气老婆、相爱相“杀”等
搞笑类	生活鬼畜段子、内容精心打造剧情、男女反串、街头撩妹帅哥等
颜值类	歌舞才艺、换衣变装、吃喝逛街日常、抖音话题模仿等
宠物类	宠物卖萌打架、戏精等
晒娃类	可爱萌娃、兄妹宠溺日常、戏精等
美食类	美食探店、高端美食、家庭美食技巧、创意美食、特色美食、吃播等
旅行类	美景、穷游、房车旅行、旅行露营、自驾游、穿越中国等
正能量类	勇于救人、自强不息、孝敬老人、诚信敬业、伸张正义、敢于承担责任等是永不过时的正能量题材

（3）符合用户意向

史玉柱是一位营销大师。他曾说："自从'三大战役'（这里指脑白金营销战）失败后，我就养成一个习惯，谁消费我的产品，我就要把他研究透彻。一天不研究透我就痛苦一天。"

选题策划务必具备用户思维，将用户研究透，只有在充分了解用户画像的基础上，才能策划出符合用户意向和需求的选题。

选题策划应该接地气，靠近用户，以用户需求为基准，千万不能脱离用户、粉丝对内容的需求。做选题策划应优先考虑用户的需求和喜爱度，这是确保视频播放量的重要因素，往往越是靠近用户需求的内容，越是能够得到他们的认可，越能提高视频的完播率。

（4）善于蹭热点

选题有可能会断层，创意有可能会枯竭，但热点不会消失，平台上的热点会不断推陈出新，只要善于观察，总能找到热点，迎合热点并结合垂直领域去策划选题，一方面能够确保源源不断地策划新选题；另一方面，能蹭到热点题材的流量，提高曝光率。

如果你暂时没有好的选题，那么不妨搜一下当下的热点话题，找到切入点，搭个顺风车，从热潮中分一杯羹。

靠热点来策划选题看似简单，其实很有讲究。

第一，追热点要快。

热点具有时效性。在短期内，大家的注意力会被一两个热点话题所吸引，忽略其他本来也很重要、很有趣的信息，但很快旧的热点就会被新的热点所取代。通常热点发生后的1个小时内被认为是蹭热点的黄金时间段，12～24小时则是废铁期，公众的兴趣已经大大降低。

蹭热点的及时性表现在以下三个方面。

一是快速了解。快速了解热点事件的始末、核心问题、舆论中心，并确保热点的可靠性。

二是快速融合。结合热点快速策划、制作内容。

三是快速传播。快速上传视频，吸引大众视线与话题，抢占流量。

第二，不要轻易站队。

很多热点，尤其存在冲突和争议的热点事件，在不知道还有什么内幕、不清楚什么时候会反转的情况下，不要轻易站队，万一站错队，对个人形象会造成较大的负面影响。尤其一些娱乐热点，一旦两方粉丝开战，如果选择站在其中一方，另一方就会让你知道什么是粉丝的杀伤力。

第三，热点有“三不蹭”。

不是所有热点都可以拿来借势营销的，以下三种热点轻易不要碰。

一是不要借负面的热点。杜蕾斯的新媒体负责人就曾发微博表示不会去做任何关于负面内容的营销。

二是不要借有争议的热点，因为有争议的热点一般很容易反转，这就会让站队发声的自媒体很尴尬。

三是不要借天灾人祸的热点，容易触犯众怒。

3. 抖音爆款选题的八个方向

挖空心思策划出来的新选题，辛辛苦苦写出来的短视频脚本，拍摄出来后没人看、没有播放量，这是最让短视频运营者头痛的一件事。

如何才能策划出爆款短视频？要从容易产生爆款的八个选题方向入手。

（1）痛点型选题

话题痛不痛、有多痛决定了视频的打开率。策划选题应该多做“痛点程度高”的选题，少做“不痛不痒”的选题。

痛点型选题要结合用户群体和用户画像特征进行：针对打工群体，可以针对他们的痛点，如工资低、工作时间长、工作环境恶劣、35岁现象等焦虑点来策划选题；针对大学生群体，可以就眼高手低、工作难找、工资低、职场生存法则等焦虑点来策划选题；针对宝妈群体，可以就难管教、上学难、校园暴力、学区房等焦虑点来展开选题。

有一条视频标题为“摧毁孩子的五大致命点”，视频的内容很简单，为“语音 + 文字滚动”的形式，但其对用户尤其宝妈用户的杀伤力却不简单，称得上是重磅武器。注意其标题“摧毁孩子的五大致命点”，详细内容为：想毁掉自己的孩子，怎么做最见效呢？具体方法有这样五条……

首先，标题已经充分抓住了用户的眼球，同孩子有关，还有“毁掉”这个字眼，宝妈们会睁大眼睛看下去。接下来，她们会同视频中提到的几点一一对照，结果惊恐地发现说的完全就是自己。此时，她们的本能做法是什么呢？不是点赞，也不是评论，而是赶紧收藏、关注。

因为短短15秒的时间，一般人是记不住全部五个要点的，但如果不做一些动作，如关注、收藏，会害怕之后需要时找不到，害怕会失去，其深层次原因是害怕自己的做法会真的毁掉孩子。

这类视频的高明之处在于以下方面：

第一，提炼用户群体的共同痛点。

第二，以尽可能夸张、危言耸听的形式呈现出来。

第三，给用户制造紧张感，让他们感同身受，自动关注。

（2）话题型选题

抖音有话题功能，当某个话题火了之后，会引起大家竞相模仿跟拍。这种话题都是人为发起的，而每个抖音用户都可以发起话题。

如果某个话题能在抖音平台上被炒火，显然作为话题的发起者也是最大的受益者之一。首先能带来可观的流量和关注，被大家模仿、跟拍甚至合拍，曝光度大大增加。同时，火爆话题的发起者也能引起抖音平台的注意和资源倾斜。

如果你想让某首歌、某个段子、某个舞蹈、某个元素，包括某个品牌、某个产品、某个影视剧火起来，都可以通过发起话题的方式来炒作、引爆。

（3）吐槽型选题

吐槽一般是指从对方的语言或行为中找到一个漏洞或关键词作为切入点，发出带有调侃意味的感慨或疑问。而随着使用频次的增加，吐槽的含义也变化为调侃或疑问、嘲讽、抱怨等。

相对正面表扬的选题，负面吐槽的选题更容易吸引关注。短视频选题策划，要设一个让用户宣泄的管道。吐槽难吃的、难喝的、难用的、难学的、难干的、难管的都可以作为选题的切入点，如“最难吃的网红餐厅，没有之一”“最难喝的奶茶”“最难用的手机”“这个年龄段的孩子最难管”等。

（4）互动型选题

短视频最忌讳的就是自说自话，所以尽可能选择互动型和参与性强的话题，让用户积极参与互动、评论。

第一，要选择感同身受型的话题。

这类话题最容易引起共鸣，获得互动。比如，“女人错过了那个她最想嫁的男人，就会变得挑剔。男人错过了那个他最想娶的女人，就会变得随意。有同感的留下赞”“我想这一定是万千男士的初衷”等。

第二，在视频中穿插引导话术。

假设我们出一期自制网红小蛋糕的视频，可以在节目中加入一句互动的话。比如：“大家吃过最好吃的蛋糕是什么口味的？欢迎大家在节目下方留言互动！”

（5）数字型选题

数字型选题内容简单直白，让人一目了然。比如，“父母一定要陪孩子看的6部经典电影”“情商低的7个表现，你身上有吗”“清华博士妈妈，小学6年，我让女儿背会这张表，成绩从未低于98”等。

（6）跨界型选题

此处的跨界并不是指跨领域型选题，而是跨平台型选题，如可以将其他平台如快手、微博、视频号、小红书、B站上比较火爆的同类选题借鉴过来，围绕该主题重新策划内容、重新创作短视频。爆款内容往往都是相通的，在别的平台上爆红的内容，在抖音上火的概率也比较大。

（7）关键词型选题

通过对本垂直领域的核心关键词进行发散、细分、联想，可以得出不同系列的选题。

例如，母婴领域，根据关键词可以延展出辅食教程、找月嫂攻略、育儿经验、亲子互动游戏、母婴好物推荐、避坑攻略、种草指南、幼升小、小升初、学区房选择等；健身领域，根据关键词可以延展出有氧运动、无氧运动、减脂操、减脂餐、产后修复、健身器材、室内健身、室外健身等；美妆领域，可以细分出防晒、补水、美白、祛斑、刷酶、刷酸、反差色化妆等细分关键词。

通过这种利用关键词延展的方式找出选题内容，不仅可以缓解选题焦虑，源源不断地开发出新选题，还可以有效获取更精准的用户。

（8）指南型选题

提供直接的行动指南，如“夏季美白终极指南”“新疆旅游全攻略，千万要收藏”“夜班女性终极安全指南，为自己为家人你必须看”等。

4. 选题规划与三大系列选题

“凡事预则立，不预则废”，指的就是规划的重要性。

从某种意义上讲，选题规划大于选题策划，选题规划是战略问题，选题策划是战术问题。

选题规划切忌“散、乱、杂”，要根据平台的战略定位和发展方向，结合自身的垂直定位，来制订账号中长期的选题架构和创作计划。

账号内容有了整体规划，可以体系化地制作内容，源源不断地输出新选题和新内容。

抖音账号选题架构主要包含以下四个系列的选题。

（1）常态选题

常态选题是账号日常更新的重中之重，属于常态化内容，是最常出现的选题，也称为常规选题，是从时间、空间的角度或者对垂直细分用户的用途和价值的角度来考量的选题。

常态选题是基于账号垂直定位，在垂直领域策划的垂直类选题，可以强化账号的人设、专业度，让用户和潜在用户能看懂我们是干什么的，该系列选题的拍摄能让用户感到拍的作者是很专业的。一个旅游领域的账号能够做的常态选题包括旅行目的地推荐、旅游目的地攻略、旅行省钱策略、相关优惠资讯、旅行目的地的人文知识等。例如，旅行自媒体“一个人穷游中国”日常发布的大部分视频属于其垂直领域内的同旅行相关的衣食住行类视频（如图4-1所示）。

（2）临时选题

临时选题也就是非常态化选题。我们无法预知未来。我们的生活总会被一些意外打乱节奏，短视频创作也不例外，尤其一些个体化运营的作者。当遇到一些例外情况时，可以适时策划一些临时选题和临时内容，调节一下用户的胃口，也未尝不可。临时选题策划得当有助于用户从侧面更加全面地了解博主，使其人物形象更加丰满，有助于打造人设，搭建个人IP。

图 4-1 “一个人穷游中国”抖音账号主页

还以“一个人穷游中国”为例，博主李英文大学毕业后做起了背包穷游一族，从零起点到数百万粉丝，是其不辞辛劳地奔波与日复一日地为粉丝更新视频的成果。在旅行途中，李英文经历了结婚、生子等人生大事，其也将这些经历拍成了视频发布至抖音账号，这些都属于临时性选题，获得了不错的流量和关注。

（3）热点选题

顾名思义，就是从当下的热点事件或者热点情绪、热点人物、热门音乐、热门话题出发进行的选题策划。

这类选题遵循新媒体“唯快不破”的原则，但同时对新媒体人的角度、深度以及写作技巧提出了极高的要求。

因为同样一个热点，可能会有成千上万个创作者在同时报道。而如果你没有更好的角度、更深的内容和更高的写作技巧，很难在众多报道中脱颖而出。

（4）专题选题

专题选题即围绕某个话题、主题或者事件进行多篇幅、多角度、长时间的创作。

专题选题内容在符合账号定位、用户群体定位的基础上，一般没有时限性和局限性，可以随时储备相关内容来进行创作。比如，“挑战100天减肥20公斤”“挑战100天考研上岸”“挑战100天吃素”“见证100天无薪生活”等主题性的内容。

专题选题是通过一系列视频为用户讲清楚一个问题，或通过一系列视频为用户解决一个困扰，这会让用户觉得主播特别可靠，做事有规划、有逻辑、有始有终，会增加用户的信赖感。例如，拥有近500万粉丝的抖音网红“户外平头哥”就策划制作了诸如“热带雨林挑战”（3.3亿次播放）、“菠萝岛荒岛求生纪实”（6.2亿次播放，如图4-2所示）、“川山群岛挑战记”（4.2亿次播放）等一系列专题类选题，播放量极为可观。

图 4-2 “菠萝岛荒岛求生纪实”专题

5. 短视频的脚本与文案策划

脚本是指表演戏剧、拍摄电影等所依据的底本。短视频脚本则是短视频拍摄时所依据的大纲底本，是将图文转换成视频的蓝图，主要通过将文学语言转换成视听语言的方式来支撑拍摄，用来确定作品的发展方向和拍摄细节。

精心拍摄制作的短视频都离不开脚本的支持，所有参与视频拍摄、剪辑的人员，包括摄影师、演员、道具和动作都要服从脚本。

（1）脚本类型

短视频脚本一般包括三类：拍摄大纲、分镜头脚本、文学脚本。

第一，拍摄大纲。

拍摄大纲是为拍摄短视频或某些场面而制定的拍摄要点，对拍摄内容主要起提示的作用，适用于一些不容易掌控和预测的内容。

当拍摄的过程中有很多不确定因素，或者有一些场景难以预先分镜头时，就需要根据拍摄大纲，在现场灵活处理。

拍摄大纲同分镜头脚本的区别在于：拍摄大纲不需要做详细的描述，只需用关键词对场景编号、场景内容、时间、人物等进行简要阐述即可。

拍摄大纲通常将脚本分为场景一、场景二、场景三等若干个场景，并简要阐述每个场景需展现的内容，如什么人在什么时间、什么场景需要做什么事。

在设计拍摄大纲的文字脚本里，要注意以下几点：

一是台词设计。

并非体裁短小的视频就能称得上成功的短视频。事实上，有的短视频让人欲罢不能，而有的短视频让人只想赶紧划走，造成这样区别的关键因素就在于台词。

短视频不同于影视剧，切忌冗长的台词，那样会让人失去观看下去的耐心。短视频的台词要尽可能简短，抓住“黄金三秒”原则，让台词在三秒内抓住用户眼球，将高诱惑力、高价值信息前置，要在最短的时间内告诉用户“看完这条视频你能得到什么”，如此才能引起用户观看的兴趣。

二是转场技巧。

转场技巧要干净简洁，不要花里胡哨。干净简洁的转场有助于用户更好地观看、理解视频内容。

三是音乐和音响效果。

确定音乐和音响效果，如果音乐和音响效果使用得当，会使视频锦上添花。

第二，分镜头脚本。

分镜头脚本相对拍摄大纲更为细腻、具体，包含每个拍摄镜头、每个画面的拍摄关键点，对画面内容、镜头语言、摄影技巧、时间、停机位、声效等都有详细而具体的量化描述（见表4-3）。

表4-3 分镜头脚本内容

内容	描述
镜号	镜头的编号，按照剧本画面的先后顺序用数字标出，一个镜头为一个顺序号
景别	根据拍摄对象在摄像机里所呈现的范围大小，可分为远景、全景、中景、近景、特景。其中，远景、全景能够把人物整体呈现在画面中，有利于表现人物之间的关系；中景包含人物的膝盖至头顶，有助于展现人物的肢体动作；近景包含人物胸部以上到头部，有助于呈现人物的面部表情；特写是对人物的细节进行拍摄，有突出局部的作用
场地	提前确定每个镜号的拍摄场地，并做好场地的协调与准备
画面内容	对镜头要展示的内容进行详细描述
解说词	既包括出镜人员的解说词，也包括镜外解说词，要具体到每一句话
字幕	配合镜头中的解说词进行添加
音效	视频的配乐及音效等
备注	标注需要注意的事项

分镜头脚本指导拍摄的指南，一般采用Excel表格或者手绘表格呈现（见表4–4）。

表4–4 分镜头脚本

镜号	景别	场地	画面内容	解说词	字幕	音效	备注
1							
2							
3							
4							
5							
6							
7							

分镜头脚本内容可根据实际情况，酌情进行调整、增减。

第三，文学脚本。

文学脚本通常与拍摄大纲文字脚本相结合（两者格式相差不大），这里不再做详细阐述。

（2）脚本文案策划与写作

短视频脚本的文案策划与写作可以按照以下步骤进行。

第一，搭建框架。

根据选题来确定视频内容的框架，确定角色、场景、时间以及所需要的道具，确定视频脚本的大致框架。

第二，确定主线。

搭建好框架之后，接下来要确定内容发展的各个主线，在主体框架的基础上做进一步细化。

第三，设计场景。

短视频场景要做到短、平、快，确保每个场景都能够在尽可能短的时间内表达出主题，可借助各类真实场景来提升视频的代入感。

第四，升华内容。

主题的升华重点在于为受众提供价值点，既可以是技能上的，也可以是情感上的。总之，要能引起用户的共鸣，让用户感同身受。

（3）爆款短视频脚本公式模板

分享几个常见的爆款短视频脚本公式模板（见表4–5），供大家参考。

表4–5　爆款短视频脚本公式模板

类型	脚本公式	解析
搞笑段子类	熟悉的场景＋意外转折＋意外转折	反转情节要多一些，至少两次，这样才能博得观众的眼球。例如“破产姐弟”
励志类	故事情景＋金句亮点＋总结	要做到情景交融，让人感动
教学类	提出问题＋解决方案＋展示总结	典型的三段式结构，前面少铺垫，后面少总结，关键在中间
种草类	超赞产品＋亮点1＋亮点2＋亮点3＋总结	先抓眼球，再分享亮点，最后简短总结
万能类	5秒吸引注意力＋10秒反转＋15秒涨粉	开头吸引关注，中间加反转情节和亮点，最后吸粉

6. 积累素材：如何建立选题库

著名散文作家秦牧说过："一个作家应该有三个仓库：一个装生活中得来的材料；一个装间接材料的仓库，即装书籍和资料得来的材料；另一个就是日常收集的人民语言的仓库。有了这三种，写作起来就比较容易。"

抖音创作者若想常年如一日地坚持创作，也要有足够的选题素材积累，这样才能长期坚持，创作起来才会比较容易。

（1）日常选题从哪里来

建立自己的选题库，应从多方面入手，靠的是日积月累。

第一，注意日积月累。

在平日里浏览网页、看视频甚至日常生活的时候，将自认为可能会用到的东西收集起来，建立一个素材库，对今后的视频选题策划有非常大的帮助。放进选题库的既可以是网站，也可以是热门的文字、段子、图片、音频、视频、视觉设计类产品等。

无论多忙，每天都要抽出半小时或一小时的时间去刷抖音、刷今日头条、逛知乎、逛微博或朋友圈，从中去找选题。

找选题不是一朝一夕的事情，要靠长期积累。当在朋友圈看到一件有触动的事情，或看一本书、一部电影、一个综艺节目时有让你感触的句子或者片段，要及时用手机便签或截图记录下来。

第二，定期进行头脑风暴。

如果抖音账户由团队来运营，应定期举行讨论，开选题会，进行充分的头脑风暴，以产生新的创意和选题。

第三，关注热点。

养成良好的新闻素养，每天关注各类热点，留意各种自媒体、客户端、微博热搜、头条热点、朋友圈刷屏信息、百度搜索风云榜等热点信息，并拿来为我所用。久而久之，便能培养出良好的热点敏锐度。

第四，随时了解行业热点。

对于垂直领域的抖音账户，应当关注行业最新资讯，关注行业KOL。从同行大号中了解最新动向，正所谓“没有枪没有炮，同行来给我们造”，我们可以自己动手去同行账号中收集和统计，借鉴其选题策划、视频拍摄、粉丝互动、营销引流技巧等实战要素。

第五，关注重大赛事。

对于一些诸如奥运会、世界杯乃至其他地域性、周期性、行业性的比赛活动，要关注、留意，注意同自己的内容策划结合起来。

第六，关注重要的节日和时间节点。

节假日具有非常性、反常规、突发性的特点，历来是营销借势的热点，不可错过。

第七，多看用户评论。

视频发布后，浏览下面的评论及留言也会取得一些灵感，能够知道用户喜爱什么、更想看什么，这对接下来的视频内容定位是比较有指导价值的。

看评论既可以看本账号发布内容的评论，也可以看同行、竞品的用户评论，其都有同样的借鉴意义。

第八，借助站外工具。

站外选题发掘工具主要有以下几个（见表4-6）：

表4–6　站外工具

工具	详情
5188官网	借助关键词挖掘大全，能看到抖音、百家号、知乎等网站关键词情况，在搜索框搜索品类相关关键词，看用户在关注哪些点、延伸出哪些词。例如，搜索电子书，通过全网下拉词查询，看到用户主要关注下载、阅读软件、制作方法等因素，这些都可以作为选题
今日热榜	在热榜新闻聚合平台能够看到知乎、微博、微信等10多个平台的热文，看到最新平台的消息，点开其中相应的板块，能看到不同类目的热文，这些都可以参考
小红书	每个行业都会有对应的官方薯，官方也会举行活动，可以关注账号有无活动，如旅游业可关注走走薯、美业可关注美业薯

（2）建立选题库

其实选题库的建立更多是一种良好习惯的培养，主要包含以下三个步骤。

第一，记录。

要随时保持敏感的选题感应能力，记录那些能引起共鸣的内容——段子、音乐、有创意的素材等。

第二，分类整理。

经过一段时间的积累，自己的选题库中往往会堆积起五花八门的素材，等到使用的时候可能根本无从下手。因此，定期对选题库中的素材进行分类整理就显得非常重要。每周至少对已有素材进行一次分类整理。添加不同的标签，如段子创意、舞蹈动作、拍摄方式、穿搭造型等。另外，也可以分类到不同的选题库（见表4–7）。

表4–7　选题库类型

类型	内容
爆款选题库	把握热门话题、熟悉热门内容，选择合适的角度进行选题创作和内容生成。注意关注各大热播榜单：抖音热搜、微博热搜、头条指数、百度指数及第三方平台的各类热度榜单。热度越高的内容选题越容易吸引用户观看

续表

类型	内容
常规选题库	不管是身边的人、事、物，还是每天接收到的外部信息，都可以通过筛选并整理到自己的常规选题库中。另外，还可以通过专业性和资源性进行筛选整理到选题库中
活动选题库	一是节假日活动。节日类活动选题可以提前布局，如中秋、国庆、春节、情人节等大众关心的节日话题。 二是平台活动。包括各短视频平台，平台官方会不定期地推出一系列话题活动，如习惯的国风力量、大鱼的夸克知识等，根据自身的情况参与平台话题活动，可以得到流量扶持和现金奖励

选题库得到分类整理后，不但能方便日后检索，也能定期厘清创作思路，加深对各个素材的印象，在策划时能够快速地激发灵感。

第三，二次挖掘。

我们养成良好的素材收集习惯和定期整理习惯后，还要定期对整理好的素材库中记录的思考内容进行复盘梳理、二次挖掘。在进行二次素材分析时，有条件的话，可以多人进行，展开头脑风暴，激发更多有创意的新选题，提高选题策划能力与创作水平。

例如，拥有816万粉丝的抖音大V“熊猫大侠”（如图4-3所示）就是将日常生活、热门音乐段子、热门影视剧桥段收集起来进行推理分析，结合自己的人设进行二次创作，其作品令人耳目一新。

图 4-3 “熊猫大侠”抖音账号主页

第五章

视频拍摄：快速学会拍摄抖音短视频

抖音平台上，新奇视频五花八门、争奇斗艳，拍摄新玩法层出不穷，常规作品很难热播。拍摄是一项专业性非常强的工作，要在抖音平台上爆出受欢迎的优质视频，不仅要有好的选题和脚本，还要掌握基本的拍摄技能，准备称手的拍摄设备，这样才能将选题和创意完美地呈现出来。

1. 抖音短视频的拍摄流程

从严格意义上讲，抖音短视频拍摄始于选题和脚本，选题是视频拍摄的主题和方向，只有事先确定好选题，后续的拍摄工作才会顺利开展。

而脚本则是短视频拍摄、剪辑的依据，一切有关短视频拍摄、制作（编导、摄影师、剪辑、演员、道具等）的工作环节都要立足脚本、服从脚本。

在准备好完善的短视频脚本后，就可以开展拍摄工作。

（1）拍摄前准备

根据选题要求和脚本内容，做好相应准备。

第一，准备拍摄场地。

提前找好拍摄场地，准备道具并布置好相应场景。

第二，准备拍摄设备。

拍摄短视频要选择合适的设备。如果只是个人拍视频玩的话，一部手机就可以；如果是要求较高的视频，则需要准备相应的拍摄器材，如手机、单反相机、摄影机、无人机等，并酌情准备补光灯、三脚架等摄影辅助设备。

第三，人员准备。

出镜的演员和摄影师要提前熟悉脚本，准备好妆容与服装。比如拥有847万粉丝的抖音搞笑短视频创作者“七颗猩猩”在拍摄宫斗剧搞笑剧情的短视频时，会提前对每个出镜人物进行化妆，准备服饰和道具，并根据脚本场景需要选择、布置特定的场景（如图5-1所示）。

（2）视频拍摄

拍摄要基于脚本进行。每个镜头的拍摄场景、出场人物、拍摄时间，脚本都有详细说明，拍摄工作依据脚本进行即可。

拍摄时要注意以下事项。

第一，素材拍摄。

拍摄过程中，可以针对每一部分内容、每一个主题，多拍一些备用素材，以备不时之需和后期剪辑之用。

第二，按“从大到小”的顺序进行拍摄。

拍摄的基本思路可以按照“从大到小”的顺序进行：“大”是指大场景、大环境、大空间，比如户外场景、室内场景；“中”代表着一些近景，如人物、动物、小空间场景等；“小”代表细节、局部，比如要拍人，可以拍眼睛、表情等。

图 5-1 “七颗猩猩”抖音视频内容

按这样的顺序拍下来，素材会更丰富，角度和画面会更多，避免视频内容过于单调。

第三，保证清晰度。

随着智能手机技术的不断进步，智能手机的摄像功能越来越强大，很多短视频创作者会直接用手机制作短视频。使用手机拍摄视频时，为了保证画面清晰，观看舒适，首先，可以适当设置分辨率为1080P，尺寸为16：9，把手机中相机的分辨率调到最大参数；其次，拍摄者要选择好场景和角度并注意光线，光线好，画质就会更好；再次，拍摄画面要稳，保持手机稳定，画面清晰；最后，拍摄者要处理音效和清理镜头，包括杂音、影响画面整体效果的物品。

第四，确保稳定。

使用手机拍摄还有一个最大的问题是如何确保画面稳定。摄像机因为体积大、重量大，通常是在具备支撑点的情况下使用，比如肩扛、三脚架辅助等。

使用手机拍摄时通常是手持手机，所以稳定性很难把握。在使用手机拍摄的时候，手一定要稳，可以将手置于稳定的物体上来增加手的稳定性。当不用手持方式的时候，可以通过手机专用三脚架等辅助设备来增加稳定性。

第五，选择合适的拍摄视角。

常见的拍摄视角有以下几种：水平视角，也叫跟拍，更有代入感；仰拍，像拍摄树林、大楼、天空等从下往上拍；俯拍，站得高一些，从上往下拍；低角度拍摄，又叫蚂蚁视角，即相机贴近地面拍。短视频拍摄者要根据脚本的要求，选择合适的拍摄视角。

第六，让视频画面更丰富。

使用不同的景别交替，包括远景、中景、近景、微距、特写，能够更好地向观众交代故事的剧情发展。既可以拍一些转场的镜头，让视频转场更有意思，也可以适当拍一些空镜头，让画面更能展现无限的内容。

（3）剪辑制作

视频拍摄完成后需要进行剪辑制作。剪辑最常见的工作就是把没用的部分裁剪掉，把不同的片段拼接成一个完整的视频。

简单的短视频在手机上制作即可，对于内容较长、较复杂的视频，可以在电脑上剪辑。

剪辑过程是对拍摄内容的二次加工，主要包括对视频内容的筛选、重新组合。对视频画面不清晰、视频内容重复的部分进行淘汰，筛选出重要节点的视频内容。

剪辑中不仅包括视频内容的重新组合，还要做好对字幕、封面、滤镜、速度等相关内容的把握。

（4）上传发布

视频拍摄剪辑完成之后，需要上传发布。发布过程并非简单几步就能完成，其中有很多需要注意的细节。比如，地理位置的添加、话题的选择、标题描述的撰写等都非常重要，不可忽略。有关视频拍摄、剪辑制作和视频发布的问题，下面还会详细介绍。

2. 准备拍摄器材与辅助设备

拍摄短视频，内容是王道，拍摄器材和辅助设备是重要的辅助设施。

想要拍出好的短视频，需要专业人士使用专业工具来拍摄，短视频拍摄设备主要包括拍摄器材和辅助设备。

（1）拍摄器材

拍摄器材的可选择面非常广，刚入行的新手仅凭一部手机也能拍出效果不错的视频。对于大制作的团队拍摄而言，可根据拍摄需求和预算，选择更高端的拍摄器材，如单反相机、无人机、专业摄像机等（见表5–1）。

表5–1　拍摄器材

设备	介绍
手机	（1）选用像素较高、有广角/常规双镜头的手机，手机分辨率设置为1080P及1960P，30帧以上。 （2）可以考虑苹果公司的最新系列手机产品和华为Mate系列、P系列高端产品。如iPhone 14 Pro、iPhone 14 Plus、iPhone 14 Pro Max、HUAWEI Mate 50、HUAWEI Mate 50 Pro、HUAWEI Ascend P6、HUAWEI P60 Pro。 （3）其他国产品牌手机的旗舰机型可作为备选，如vivo X90 Pro＋、荣耀60、OPPO Find X6、 OPPO Find X6 Pro、小米13等都有着不错的视频拍摄性能

续表

设备	介绍
微单相机	（1）微单相机是无反相机的俗称，包含两个意思：微，微型小巧；单，指单镜头可更换式相机。体积重量比单反小且具有可更换单镜头的相机称为微单相机。 （2）对于个体短视频创作者来说，小巧便携、价格便宜、视频拍摄稳定的微单相机是首选。索尼ZV-E10便是索尼推出的主打视频拍摄的微单相机，采用2420万像素APS-C画幅传感器，内置众多对于视频拍摄的优化功能，有着不错的视频拍摄表现。 （3）佳能微单EOS M50 Mark Ⅱ也值得推荐。这款相机搭载APS-C画幅2410万像素传感器，配置DIGIC8图像处理器，可以拍摄4K/25P视频。全像素双核CMOS AF系统，拥有143个自动对焦区域，在拍摄照片和视频时，支持眼部检测自动对焦功能。 （4）除上述产品之外，索尼的A7C、A7M4，佳能EOS RP，尼康Z50，松下Z5等相机产品也不错。个人短视频或者视频日志的拍摄可根据自己的拍摄内容和预算进行选择，合理即可
单反相机	（1）单反相机一般指单镜头反光相机。它是指用单镜头，并且光线通过此镜头照射到反光镜上，通过反光取景的相机。所谓“单镜头”，是指摄影曝光光路和取景光路共用一个镜头，不像旁轴相机或者双反相机那样，取景光路有独立镜头。 （2）正常拍摄推荐主流的APS-C画幅相机，如松下GH5、富士XT3、XT30、索尼A6300/A6400或佳能80D。这些相机的优点是视频质量高、有较高的后期处理空间，而且可更换镜头，但价格较高、重量较大，不太适合女性用户长时间使用。 （3）对于规模大、视频质量要求较高的拍摄团队，推荐使用全画幅相机，如索尼A7R3/A7M3、佳能5D4、Bmpcc4K、Bmpcc6K等。拍摄质量高，成像效果好，有更大的后期处理空间，缺点是价格昂贵，需要购买的配件较多
专业摄像机	专业摄像机是指摄像机中摄、录、放一体的机型，专业摄像机广泛应用于新闻行业，专业摄像机又分为DVCAM和DVCPRO两种。可依据预算，选择佳能、索尼等品牌的相应产品
无人机	（1）无人机能实现更多的拍摄视角，比如上帝视角，环绕横拍跟踪各种拍摄模式，高画质，适合拍摄中远景画面。 （2）消费级无人机价格相对便宜，大疆无人机最低的只要2000～3000元，高端一些的无人机能拍摄4K视频，裁剪后能做成竖版视频。60帧率能捕捉更细节的场景，后期剪辑时，镜头速度降低不会有延迟。 （3）无人机的缺点也有很多。比如操作难度大，不能带上飞机。在城市、公园、小区等环境中不太适合使用，有很多地方禁飞

（2）辅助设备

辅助设备主要包括稳定器、灯光设备、麦克风等（见表5–2）。

表5–2　辅助设备

类型	介绍
三脚架	拍视频的时候，我们经常会用到三脚架，包括手机三脚架和单反相机三脚架，适合静态拍摄，比如人像、风景拍摄等
稳定器	（1）使用手机在传统静态拍摄模式时，三脚架是必备的拍摄辅助装备。但是对于视频拍摄来说，需要不断地变换画面、改变构图，所以稳定器是视频拍摄必不可少的稳定画面的重要辅助设备。 （2）对于使用手机拍摄短视频的用户来说，大疆的OSMO系列手持云台值得推荐，如果预算充实，可以购买最新的OSMO 4手持云台；如果选择性价比，大疆的OSMO 3手持云台则是较好的选择
灯光设备	主要包括补光灯（可根据拍摄、直播不同用途进行选择款式和亮度），激光灯（主要用于拍摄一些静物）
麦克风	（1）短视频除画面稳定外，收音同样重要。如果拍摄环境中声音嘈杂，对于最终视频质量的影响很大，所以短视频和视频日志拍摄都需要选择一个合适的麦克风。 （2）在麦克风的选择上，从几十元的有线领夹麦到1000元以上的无线麦克风都有，可选择的余地非常大
打光板	（1）打光板又叫反光板，是拍摄时所用的照明辅助工具，用锡箔纸、白布、米菠萝等材料制成，反光板在景外起辅助照明作用，有时作为主光用，不同的反光板表面可产生软硬不同的光线，通常反光板面积越小，效果越差。 （2）对于一些光线直接照射的画面，想要达到更好的曝光效果，可以尝试用反光板，一般情况下，80厘米大小的反光板即可
幕布	真人出镜或者拍摄物品的时候，如果背景太杂乱，会影响观看体验。这时就可以用一些道具，比如幕布、书架、舞台灯、假花等，固定幕布可以用一些无痕钉、胶布等辅助工具，将其粘贴在墙上

拍摄设备的选择没有上限。抖音短视频拍摄要结合团队规模、预算、拍摄效果等选择合适的设备。拍摄视频，器材只是辅助，内容才是王道。

3. 抖音短视频拍摄五大要素

我们在刷短视频时，看一些热门爆款短视频，给人的感觉是赏心悦目，看上去很舒服、很自然、很成熟，而自己拍的视频效果却不尽如人意，但又不知道问题出在哪里。

拍摄本就是一项专业性非常强的工作，在正式拍摄前，有必要了解一下短视频拍摄的几大要素，以扫除认知上的盲点，清楚短视频拍摄的注意事项。

（1）构图

在绘画、平面设计和摄影中，最讲究构图。

摄影构图是照片、射频画面上的布局、结构，是运用相机镜头的成像特征和摄影造型手段，根据主题思想的要求，组成一定的画面，使客观对象比现实生活更富有表现力和艺术感染力，可以更充分地揭示一定内容。画面结构要做到：明确主题、辨别主次、弃繁就简、布局适宜。简洁、多样、统一、均衡是构图的基本要求。

短视频拍摄，构图是关键，要防止画面混乱，要做到层次分明、画面简洁明细，看起来赏心悦目。

短视频拍摄常用的构图方法有以下几种（见表5-3）：

表5-3　短视频拍摄常用的构图方法

方法	介绍
中心构图	中心构图是指将拍摄主体放在画面的中心位置，将观众的视觉注意力引向画面中心，起到聚集的作用，有很强的视觉冲击力，从而突出、明确主体，平衡画面

续表

方法	介绍
水平线构图	通过水平、舒展的线条，使画面看起来更稳定、和谐、宽广，给人一种平稳的感觉。水平线构图可用来表现画面的平静与稳定。使用水平线构图时，水平线在画面中要保持平稳，不要倾斜。水平线在画面中的摆放位置不同，产生的视觉效果也不同
对称式构图	以画面中央为对称轴，使画面左右对称或上下对称，呈现出平衡、稳定、呼应等特点。对称式构图多用于拍摄对称的物体，如建筑物，拍摄人物时，画面会显得单调，缺少变化
三分构图	三分构图是将画面等比例分成三份，把拍摄主体放置于1/3 线上。三分构图法是常用的一种基础构图法，采用这种构图法画面简洁，突出主体且不失平衡感。拍摄时要避免拍摄主体处于画面中心，导致画面产生呆滞感
均衡构图	均衡构图更注重维持画面的平衡，让主体与背景衬托物体呼应，画面更具有平衡感，增加画面的纵深感和立体感。多用在两人对话、采访等场合，使得主体物和非主体物达到一种平衡的状态
对角线构图	对角线构图又称为斜线构图，将被摄体安排在对角线上，利用画面对角线作为视觉引导线，有效引导观众的视线，以达到突出主体的效果
九宫格构图	九宫格构图又叫井字构图，是在上、中、下和左、中、右三分法的基础上衍生出来的。四条线的交叉点被称为趣味中心，四个点都符合黄金分割定律；被摄主体被安排在这四个位置上，主体会更加突出，画面会更加稳。正因如此，很多相机、手机、无人机都会内置九宫格线

（2）防抖

画面抖动的视频会让观众很不舒服，观看体验极差，产生不了看下去的欲望。视频拍摄要解决最基础的防抖问题。

首先，可以利用防抖器材，比如三脚架、独脚架、稳定器等，来实现拍摄的稳定性，消除画面抖动现象。

其次，在拍摄时要注意动作和姿势，避免出现大幅度调整。例如，在移动场景下拍视频时，尽量保证上半身的稳定，减少动作量，下半身则保持缓慢小碎步移动；走路拍摄时，尽量保持上半身稳定，只移动下半身；在镜头需要转动时，可以上身为旋转轴心，保持双手关节不动，完成拍摄。

（3）运镜

运镜，顾名思义，即运动镜头，是通过运动摄影来拍摄动态景象。在专业的影视作品中，大部分镜头都是运动镜头。抖音视频的拍摄者大多不是科班出身，可以简单学习一些常用的运镜技巧。

第一，推动镜头。

在拍摄对象保持位置不变的情况下，将拍摄器材的镜头或快或慢地向前推进，这样会使拍摄对象的主体或部分细节越来越大，直至占据所有屏幕空间。这种运镜方式有助于吸引观众的注意力，让大家处于一种审视的状态。

第二，拉动镜头。

该运镜方式同推动镜头的方向正好相反，是让拍摄镜头渐渐后退，远离拍摄对象，取景范围越来越大，可以让观众看清拍摄对象所处的环境情况，同观众的距离也逐渐拉大。

第三，摇动镜头。

摇动不是乱晃，而是有节奏地让镜头进行上下、左右甚至大范围的旋转，让观众了解拍摄对象周围更大范围的环境，产生一种身临其境的感觉。

第四，甩动镜头。

让镜头从一个画面迅速甩到另一个画面，中间切换迅速，过程模糊，给人一种眼花缭乱的突然性和爆发感。

第五，升、降镜头。

升、降镜头通常要借助专门的升降设备，用来制造画面的快速扩展与收缩，从而将拍摄对象的局部、纵深场景表现出来。通过镜头的快速升降，能给人一种视觉上的冲击力，有助于拍摄出魔性的小视频。

（4）光线

在视频拍摄中，光线非常重要。光线运用得好，可以让视频的效果提升不少。在拍摄中，要学会运用顺光、逆光、侧逆光、散射光等来突出表现物体与人物，同时要确保视频的清晰度。当场地的光线不足时，要进行补光，让光线保持在合适的范围内，让拍摄对象更加立体、有质感，避免出现模糊不清的画面。

（5）后期

后期，这里指视频拍摄完成后的剪辑制作。后期剪辑制作要增加字母、特效、背景音乐等，同时在后期剪辑制作中还可以适当加入转场特效、蒙太奇效果、多画面、画中画等特效，让视频呈现的效果更好，让观众看得更舒服，并产生眼前一亮的感觉。

4. 抖音短视频八个拍摄技巧

抖音上各类新奇视频争奇斗艳，拍摄玩法越来越多，寻常作品很难热播，想在抖音平台上生产出受欢迎的优质视频，不仅要有好的选题和脚本，也要掌握基本的拍摄技能，这样才能将创意有效地呈现出来。

下面分享一些实用的短视频拍摄技巧。

（1）倒影拍摄法

拍摄方法很简单，既可以利用清澈的河水、湖水、刚下过雨的地上积水，也可以在地上倒些水，将摄像设备放低（可以看清水上面的倒影为准），选择自己喜欢的滤镜，拍摄即可。如果地上的积水比较多，现实世界景物的倒影就会清晰地出现在水面上，此时也可以直接翻转手机，倒过来拍。

倒影拍摄能拍摄出较好的视觉效果，抖音上有很多类似的教

图 5-2 抖音倒影拍摄教学视频

学视频（如图5-2所示）。

（2）倒计时拍摄法

如果拍摄团队只有摄像师一人且拍摄对象为自己，那么除了手持自拍杆对着自己拍，还可以借助拍摄软件的远程控制功能来拍摄，需要将拍摄设备放在较远的位置取中景或者远景，然后利用倒计时功能进行拍摄。例如，拍摄者需要拍摄一个10秒的短视频，只需要在拍摄界面点击“倒计时”按钮，将暂停条拉到10秒的位置即可。

（3）剪影拍摄法

剪影是一种独特的拍摄方式，通常为逆光拍摄，背景的亮度曝光正常时，画面主体会以黑色或近乎黑色的形象出现，虽然细节缺失，但是轮廓突出，具有独特的视觉吸引力，能以富于感染力的方式表现主题（如图5-3所示）。

图 5-3　剪影手法拍摄的视频

剪影拍摄要在天气状况良好时进行，通常日出或日落前后30分钟是拍摄剪影的最佳时刻，此时光线柔和，天空被彩霞染成不同的色彩，有助于捕捉漂亮的剪影轮廓和环境。

拍摄人物剪影时，最好选择曲线较好、轮廓明显的部位，如人物鼻子、嘴的轮廓或者肢体动作的轮廓。尽量避免人物重叠现象，重叠过多会导致视觉混乱。

在拍摄时，要按背景的平均亮度来调整曝光量，使背景呈现出中间影调，最大化地表现亮部细节。

（4）分段拍摄法

抖音App的短视频拍摄有一个自带的独具特色的功能：分段拍摄。分段拍摄，顾名思义，就是将一个视频分成几个片段来拍摄，最后将各个片段整合成一条视频。选择分段拍摄，需要提前对段与段之间的过渡转场进行构思。如果设计巧妙，能够拍摄出令人满意的效果。抖音上热门的“一秒换装”类视频就是分段拍摄后整合而成的。

（5）合拍

合拍是抖音短视频的一种创新玩法，让普通创作者可以同喜欢的明星、网红、爆款视频进行合拍，其操作简单，步骤如下：

第一，找到想要合拍的短视频，点击“分享”按钮。

第二，在页面底部的菜单栏中找到“合拍”按钮。

第三，设置相应的道具、设置速度、选择美化效果、使用滤镜等，设定好之后，点击“拍视频”按钮。

第四，短视频拍摄完成后，创作者可以对其进行修改，修改完毕后，点击“下一步”即可发布。

（6）蒙太奇手法

蒙太奇（Montage）在法语中是“剪辑”的意思。后来出现了一种电影中镜头组合的理论——蒙太奇手法。例如，我们将母亲煮菜、洗衣、带小孩以及父亲看报等镜头放在一起，就会产生母亲忙碌的感觉。蒙太奇手法使用对比，以突出人物或事物的某些具体特征，使两个不同的片段之间相互联系，会产生让人意想不到的效果。

简单来说，将“时间、场景、内容”任何一点不同的两个镜头剪辑到一起，都可以称作蒙太奇手法。

蒙太奇手法的功能主要有以下几个：

第一，通过镜头、场面、段落的分切与组接，使表现内容主次分明。

对素材进行选择和取舍，使表现内容主次分明，达到高度的概括和集中。

第二，引导观众的注意力，激发观众的联想。

虽然每个镜头只能表现特定的内容，但组接后的一组镜头能够规范和引导观众的情绪和心理，启迪观众思考。

第三，创造独特的影视时间和空间。

每个镜头都是对现实时空的记录，经过剪辑，实现对时空再造，形成独特的影视时空。

在拍摄抖音短视频时，可先从远景到近景，或者再有中景和特写，这样的切换模式就是一个简单的拍摄上的蒙太奇手法。

在具体拍摄时，可结合脚本内容，选择合适的蒙太奇拍摄手法。

（7）错觉拍摄法

利用错觉来拍摄，可呈现出夸张的视觉效果，容易抓住观众眼球。错觉拍摄是有技巧可循的。

第一，选择空旷的场景。

错觉拍摄需要真实场景的配合。由于狭小的空间往往难以施展开来，所以要选择一些类似草原、海滩、天空、盐湖等较为开阔的场地，这样错觉效果才能更好地呈现出来。

第二，利用距离差来制造误差。

选好特定场地之后，最简单的办法是利用前后距离差来形成视觉上的误差，因为远处的东西比较小，近处的东西则显得大，利用这种大小、距离上的误差，可以拍摄出错觉作品。

第三，对焦点的选用。

如果拍摄对象存在前后距离差，可将对焦点放在近处的拍摄对象上，这样近处的人物就会呈现一种夸张的巨大感，否则就会显得很细小，无法形成错觉。

一般常用的做法是利用前后距离的差距来造成视觉上的误差（就是所谓的远小近大），近处的人要保持固定姿势，用手或者脚与另外一人的位置来制造错觉。

第四，利用拍摄器材的角度旋转。

可以根据拍摄背景的情况以及想要呈现出的效果来调整拍摄器材的角度，形成错觉，可以上下、左右各种角度旋转，需要拍摄对象在造型、表情上进行配合。

第五，借助道具。

道具用好了，可以大大增强拍摄效果，我们身边的小物件，如笔、气球、水杯等，都可以用来增强视觉效果，提高趣味性。

（8）快、慢镜

抖音短视频如何在短短15秒内多装一些剧情进去？很多时候需要用到快镜，加快播放速度。相对地，对于相对长一些的视频，可以采用慢镜。

5. 如何拍摄产品展示视频

产品展示视频是指植入产品广告、种草信息的短视频。相对抖店中的产品，短视频植入产品展示的拍摄要求更高，更要注意拍摄方法和技巧。

（1）剧情植入产品

人们对纯粹的广告有天然的抵触，因此，在视频中植入产品时，要尽可能地弱化广告属性，可以在剧情演绎的短视频中，围绕产品或者以擦边球的方式展示品牌或穿插产品。剧情形式的短视频更容易吸引用户观看。相对而言，垂直领域的产品更容易实现“无痕植入”。例如，汽车领域的短视频达人植入汽车相关用品、户外旅游达人植入户外用品，这也是我们一直强调要做精准垂直账号的原因所在，这类账号能实现垂直领域的产品同精准粉丝高度匹配，变现潜力更大。

（2）以种草形式植入产品

种草不是在视频中直白地讲产品，而是博主通过真实的使用体验、直观的视觉刺激，在体验中详细介绍产品，边介绍边向用户种草产品的“价值”，激发用户的共鸣，刺激用户购买。这一方法适用于开箱、评测、试用、清单类。

除剧情类、种草类视频外，其他产品展示视频要尽可能地缩短产品展示情节的时长，避免用户因感觉无聊而中途划走。

（3）提升产品展示的趣味性

在拍摄产品展示短视频的时候，不要单一地围绕产品拍摄，不要一味地展示产品的质量、细节、使用方式等，而是应打开思路，以更加有趣的方式来展示。如果是美食类产品，可以拍摄制作的过程、食材的来源等；如果是服装类、美妆类产品，可以拍摄一些生活化的穿搭、使用场景，比如职场场景、休闲场景、约会场景等；如果是通过生活化内容来间接展示产品，不要直接硬推产品，那样容易让用户产生抵触心理。

（4）展示产品的卖点和优势

卖点就是让消费者能够接受的销售理由，最佳卖点是最强有力的销售理由。卖点是产品所具有的特点、特色。这些特点、特色一方面是产品与生俱来的；另一方面是通过运营方的策划力、想象力、创造力“无中生有”提炼出来的。无论卖点从何而来，它的最终目的都是使自己的产品和竞争产品区别开来，对产品的销售产生拉动效应。

通过拍摄短视频来展示产品的关键是要展示产品的卖点和优势，这需要我们从买家的角度出发，提炼产品的卖点，在视频中向用户展示自己产品的卖点和优势，告诉他们，相较于其他同类型产品，自己的产品有哪些竞争力，如此才能够激起用户的消费欲望。

（5）产品展示视频常用拍摄法

在抖音拍产品展示视频，怎样拍才能激发用户下单呢?

第一，教程法。

教程法以使用说明的形式向用户介绍产品的使用方法，在介绍中可以适当透露产品的卖点和优势所在，比如产品细节、用料、质量、功能等要点。教程法适合美妆、工具类产品，尤其美妆类产品，几乎都在采用教程法拍摄视频，告诉用户怎么护理、保养皮肤等。

第二，结果法。

直接向用户展示产品的结果和形态，以结果导向来吸引用户下单，主要有以下两种：

一种是产品本身的形态。比如树上挂满了成熟的苹果、橘子、芒果等，从而激发消费者的购买欲。

另一种是产品使用的状态。比如服装类产品可以展示上身效果、装修类产品则可以展示已完成案例的实际装修效果。

第三，过程法。

向用户展示一个作品从无到有被制作出来的过程，适合美食制作、艺术设计、房子装修、素人改造等技艺类、手艺类的产品或业务。

抖音上有一类账号，专门为门店拍摄宣传短片，如“崔导也是崔老师”，其视频内容就是上门找业务、宣传片拍摄过程、宣传片成片效果等一个完整的过程（如图5-4所示），以别开生面的视频内容（别人拍视频，他们拍视频的拍摄过程）、详细的宣传片拍摄过程及拍摄效果展示，找到了一个细分赛道。

图 5-4 “崔导也是崔老师”视频内容

第四，对比法。

通过对比，突出产品的优势和卖点。相对于自卖自夸，对比法更容易说服消费者。对比类产品展示视频可以从三个角度来呈现：

一是比价格。比如，同样质量、品相、大小的5斤海南贵妃芒，别的商家卖49.9元，你的仅售39.9元。

二是比质量。同样的价格比质量，当售价没有优势时，可以着重突出产品的质量。比如同款式的衣服，可以比面料、比做工、比品相。

三是比福利。同样的质量、同样的价格，还可以比福利，比如包邮、送运费险、送赠品等。

第五，代表法。

常见的代表法有以下三种：

一是老板代表。通过采访企业老板、产品开发负责人等形式，让他们说出产品的特色、优点、使用感受等。

二是行业代表。找一些行业专家、意见领袖站在专业、权威的角度评测，分享产品使用的感受。

三是客户代表。街头找客户测评，邀请用户挑战、客户分享实际感受等，比如服饰、美容类产品等。

第六，测试法。

产品质量如何？有时候仅凭主播一张嘴很难让人信服。于是，各种产品测试类视频应运而生，如“天价小书包重口味测试”“iPhone容易弯？网友暴力测试”“iPhone13暴力测试”“小杨哥直播间暴力测品，吓得品牌方连夜跑路”（如图5-5所示）、“无人机很容易坏，纯暴力测试”等，通过视频中对产品的极限、暴力测试来打消用户对产品的质量顾虑。

图 5-5 “小杨哥好物精选”暴力测试视频

6. 抖音短视频常用素材库

大部分刚入行的抖音创作者可能都会为找不到素材而苦恼，要找到质量高、符合要求、不侵权、性价比高的素材不是一件容易的事情。

这里为大家分享一些国内外的常用视频素材网站（见表5–4）。这些网站不仅能为我们提供视频、剪辑素材，而且能为我们提供一些思路、创意上的启发。

表5–4 常用视频素材网站

网站	介绍
米鱼网	视频创作者找视频素材的首选工具。米鱼网的短视频自媒体库收集了庞大的自媒体爆款视频素材，可以直接从网站上面按照查找关键词以后下载，而且高清、无版权、无水印，对自媒体创作者非常友好
预告片世界	可以下载到在映和即将上映的电影预告片，视频齐全且质量很高，都是高清、无水印、无字幕，有的影片还会提供PSD海报，让你可以轻松制作封面，不需要注册就可以下载，是创作短视频的最佳素材来源之一
音范丝	专门提供影视剪辑素材的网站，可以下载大量高清、无水印的热门电影素材，基本上都是4K分辨率，还能借助“影单”查看世界影视人气排行、影片人物以及影片详情，快速分辨出角色关系
译学馆	一个冷门的网站，包含了国内外丰富且非常有创意的短视频素材，是抖音短视频的素材来源之一
易撰	网站汇集了海量的短视频，视频素材种类很多，有非常丰富的爆文素材和爆款视频素材，排列非常清晰，视频质量很高，可以按照阅读/播放量、发布时间、领域、关键词等进行查找和筛选，找到的视频素材可以一键下载
新CG儿	模板和视频非常丰富，而且基本免费，无须注册登录，可以直接下载
Coverr	收录的影片类别包括美食、心情、自然、科技、艺术、人物、城市、动物、鸟瞰影片等，构图完美，质量很高，适合文艺类的视频创作者
Chuangkit	一个提供视频封面素材的网站，有很多最新的、紧跟热点的模板素材，还有各行各业的专属模板素材，尤其网络、技术、财经、教育等领域的内容非常丰富，可以找到各种素材和模板资源

续表

网站	介绍
Storyblocks	付费网站，但是素材内容非常齐全，不仅有图片和视频素材，还有很多免版权音乐可供下载，但需要根据不同内容定制相应的套餐，可以根据自己的需要进行选择
Videezy	一个摄影师视频素材分享社区，视频素材都来自专业摄影师和业余摄影师，视频的水平和质量都非常高，在业内数一数二，在这里可以学习到非常先进的摄影技巧。网站的素材都是实拍的，比较适合人文、自然等剪辑博主使用
Stock Footage for Free	视频质量比较高，需要注册才能下载，每个视频下方都会有一段对应的背景内容介绍，在下载之前可以大致了解到视频内容，比较方便，不过下载速度较慢
Pexels	一个视频素材网站，免费、质量高、可商用，网站除了图片，还有海量免费、高清、无水印、无版权的视频素材，视频质量非常高，大部分都是蓝光4K，如果拍视频或剪辑的时候没有素材，可以到这个网站看一看
Orange HD	如果需要自然视频的素材，这个网站是首选。网站视频的剪辑手法都很有参考性，作为剪辑素材也很不错
Distill	Distill是专为设计师提供免费高画质影片素材的网站，可搜寻、下载由其他人提供的影片，影片采用CC0授权，可以修改、复制、重制影片，不用取得许可，也无须标示出处
Mixkit	免费视频素材网站，提供大量高质量素材，无须登录，可直接商用。影音素材很丰富，影片数量、画质和拍摄效果都相当不错，不会因免费而过于粗糙
Pixabay	有大量免费、正版、高清、无水印的视频素材，无须注册即可直接下载，支持中文搜索，网页加载速度也很快
Open footage	国外的小众特效视频素材网站，所有素材都可免费商用。网站上有关于时光倒流、烟火爆炸、粒子、流体、慢动作镜头、爆炸、火灾、烟雾等特效镜头的视频
Gaiamount	网站有很多高质量的视频素材，其中4K分辨率的素材非常多，适合个人用来剪辑旅拍视频日志，没有下载次数的限制。如果商用，需要原作者授权

第六章

视频制作：快捷制作出优质的短视频

剪辑是一种特殊的蒙太奇手法。短视频的剪辑制作不是将一条条素材拼接起来那么简单。

视频剪辑制作的唯一标准是避免让观众感到无聊。如果观众开始打哈欠，便是剪辑师最严重的罪过。失败的剪辑会让观众心不在焉、双眼迷茫。成功的剪辑要把握好每一帧，吊足观众的胃口，给他们留下深刻的印象，达到理想的播出效果。

1. 短视频制作常用软件

抖音短视频制作离不开剪辑制作软件。视频剪辑制作软件主要有两类：一类是基于手机的App，剪辑制作软件可在手机端完成；另一类是基于PC端的剪辑制作软件，需要在电脑端完成。

（1）手机端视频剪辑App

抖音短视频剪辑制作的软件有很多，比较容易上手的有剪映、快剪辑、爱剪辑、快影、巧影、InShot等。

第一，剪映。

剪映是由抖音官方推出的视频剪辑制作软件。剪映的主要优势在于素材丰富，没有开屏广告，拥有各种抖音热门歌曲、音效和滤镜效果，能满足大部分剪辑新手的视频创作需求。另外，剪映还支持直接将剪辑完成的抖音视频发布到抖音和相关短视频平台，比较方便。

剪映有5个菜单："剪辑""剪同款""创作学院""消息""我的"。打开软件的第一界面是"剪同款"，里面不仅有近期的热门视频，还有推荐的专题，视频分为16种类型，可以选择自己想要剪的类型，在相应类型中选模板更加方便。

"剪辑"页面中主要包括3部分：开始创作、拍摄和剪辑草稿。

其一，开始创作。直接剪辑手机上的素材，同时还提供素材库。

其二，拍摄。既可以拍照，也可以拍视频。有3秒和7秒的倒计时，倒计时也可以关闭。拍摄尺寸有6种可选。拍摄时可以加风格滤镜和美颜。

其三，剪辑草稿。可以剪辑手机中的素材和通过拍摄功能所拍的照片与视频。

总的来说，剪映是一款容易上手的手机剪辑软件，没有内置收费项目，模板比较多，所有的模板动画特效都可使用，新手借助模板可以制作出好看的视频。剪映中有很多素材可选，音频还与抖音收藏通用。如果在剪辑过程中，不小心退出软件，再次进入时，会有“恢复编辑”弹出，已完成的内容不会丢失。

第二，快剪辑。

快剪辑无开屏广告，但有内置广告，需要付费购买VIP才能关闭广告。快剪辑共有3个界面：“剪同款”“创作”“我的”。

整个页面清爽简洁，模板种类比较少，除了热门和最新，一共7类。收费项目较多，水印也需要购买会员才可以去除。

总体而言，使用体验不如剪映，可作为备选项。

第三，爱剪辑。

有开屏广告，App共3个界面：“首页”“剪同款”“我的”。

其中，剪辑、配乐、字幕、滤镜、加速、贴纸、配音等主流功能都有。

特色功能有剪裁视频、倒放视频、视频旋转、视频转换GIF、转场、提取音频、画中画等。

爱剪辑还支持拼接视频，但不支持FLV等小众文件格式。

完成视频制作后，需要付费购买VIP才能导出视频。

相对于一些专业剪辑软件，爱剪辑使用简单，学习成本低，剪辑灵活紧凑，界面精简。小白用户用它做视频，几分钟就能出成品，导出视频的效率也比较高，前提是成为付费会员。

爱剪辑会员有两种类型：一种是普通会员，另一种是高级会员。普通会员可以使用爱剪辑的基本功能，但不能使用高级功能，而高级会员可以使用爱剪辑的所有功能，包括高级功能。

普通会员的收费标准为：每月5元，每年50元，每3年100元，每5年150元，每10年300元。

高级会员的收费标准为：每月15元，每年150元，每3年400元，每5年

600元，每10年1000元。

除会员费用以外，爱剪辑还有一些其他费用，比如存储费用、转码费用等，用户可以根据自己的需要，选择不同的服务，支付相应的费用。

第四，快影。

快影是快手推出的官方剪辑软件，与剪映有很多相似之处。快影共4个界面："创作""模板""上热门""我的"。

其实"上热门"是教用户进行视频剪辑，"创作"中同样有3个板块："剪辑""拍摄"和"项目"。在右上角有两个隐藏功能：文字视频和视频插帧。文字视频可以将视频或实时录音转换成文字，视频插帧可以一键提升视频流畅度。

快影没有开屏广告和内置收费项目，所有的模板动画特效都可使用。但是编辑到一半不能暂存为草稿，另外，无水印导出也比较麻烦。

第五，巧影。

巧影是一款横屏剪辑的软件，页面非常简洁，只有图标，没有文字说明。巧影无开屏广告和内置广告，支持多层视频、基础编辑、变速、字幕、贴纸、特效、转场、手写图案、关键帧动画，特色功能有EQ均衡器和变声器。

巧影适合有一定剪辑基础且愿意付费的用户，购买VIP后，可以达到4K级别导出，可以去水印。

第六，InShot。

InShot没有开屏广告，有内置广告（在剪辑页面的上方），只有1个界面。

基础的编辑功能InShot都有，比如视频剪辑、调速、转场、背景音乐、字幕、贴纸、滤镜、特效等。

不过InShot没有模板，比较适合自己慢慢加特效或自己设计各种转场。

购买VIP的用户才能关掉水印，能无限制使用所有付费素材。

（2）PC端视频剪辑软件

相对于手机端的视频剪辑App，电脑端的视频剪辑软件功能更为强大。常用的电脑端视频剪辑软件主要包括下面几个：

第一，Adobe Premiere。

Adobe Premiere是一款非常专业且常用的视频编辑软件，被广泛应用于电视节目和广告制作中。它提供了采集、剪辑、调色、美化音频、字幕添加、输出、DVD刻录等一整套流程，而且和其他Adobe系列的产品高效集成，满足制作高质量作品的要求。Adobe Premiere Pro 2022已经出来了。

Adobe Premiere的优势是足够专业，有各种剪辑功能、插件功能，从抖音视频的前期编辑到中期调色、添加特效，再到后期渲染输出，Adobe Premiere处理起来没有任何压力。

Adobe Premiere还可以和Adobe Photoshop、Adobe Audition、After Effect等产品搭配使用，进一步提高剪辑效率。不过Premiere的上手难度大，对电脑配置要求较高。

第二，EDIUS。

EDIUS和Adobe Premiere相比更加简单实用，容易上手，界面简洁，但是功能强大。EDIUS是专业级的视频编辑软件，尤其适合广播和后期制作环境的设计，适合剪辑快速出片的视频，或者素材里比较大的视频场景，比如婚礼、节目、会议等。

EDIUS拥有完善的基于文件的工作流程，提供了实时、多轨道、多格式混编、合成、色键、字幕和时间线输出功能。

第三，Final Cut Pro（FCP）。

Final Cut Pro是苹果公司开发的一款专业视频非线性编辑软件。

Final Cut Pro在剪辑与时间线、特效、音频、色彩校正等方面都有着非常专业的功能。同时支持从ProRes Proxy到ProRes 4444所有主要的帧尺寸和帧频，分辨率支持高达4K的帧尺寸。

第四，会声会影。

会声会影是加拿大Corel公司制作的一款功能强大的视频编辑软件，正版英文名称为Corel VideoStudio，具有图像抓取和编修功能，可以抓取、转换MV、DV、V8、TV和实时记录抓取画面文件，并提供超过100种的编辑功能与效果，可导出多种常见的视频格式，甚至可以直接制作成DVD和VCD光盘。

会声会影是一款适合新手的抖音视频制作软件，上手难度较低。会声会影官网会免费更新软件视频和图文教程，新手在抖音视频制作过程中遇到的问题，如剪辑、调色、降噪、配音等，都能在网站上找到答案。

在电脑端下载软件后，只需要导入视频素材，对视频进行简单的切割，接着套用各种滤镜——对视频调色、转场——让视频画面过渡更加自然、文字具有特效等，就能轻松做出高级感满满的抖音视频。

另外，会声会影还自带各种模板，不管是制作个人风格明显的视频，还是企业文化宣传、职工招聘等，都能找到合适的模板。

2. 短视频剪辑的原则及流程

短视频的剪辑制作不是将一条条素材拼接起来那么简单，优秀短视频的出炉是建立在剪辑师较强专业能力的基础之上的。视频剪辑务必从整体出发，把控好视频的整体风格，在遵循剪辑基本原则和流程的前提下，配合最新的剪辑技巧和独特的剪辑手法，再加上用心剪辑，才能把握好每一帧，让输出的完整视频实现结构完整、节奏协调、故事情节流畅，突出想要表达的主题，最终让观众能够感受到视频的流畅度，给他们留下深刻的印象，达到理想的播出效果。

（1）剪辑的基本原则

如何才能更好地做好视频剪辑？并没有标准答案。它是一个不断创新、标新立异的过程，但也要遵循一些基本原则。

剪辑是把人们的注意力从一个形象转到另一个形象的方法。

在剪辑影片时，首先应该遵循以下原则：

第一，镜头组接要符合逻辑。

视频剪辑要符合一些常识性的逻辑。例如，在视频中常见的一种场景：人听到开门的声音回头看，此时门的状态应该已经打开，而不是人物回头后衔接的是门刚被打开的画面，这样是不符合正常逻辑思维的。

第二，景别变化要循序渐进。

视频剪辑要符合脚本内容的要求。剪辑要尊重脚本内容，按照故事发展的主线推进，不能随意发挥想象，胡乱剪辑。

第三，镜头组接要遵循“动接动”“静接静”的基本规律。

通常镜头组接要“动接动”“静接静”，以确保衔接的流畅性。在遇到需要动静结合的场景时，要做好技术上的处理，使衔接更自然、更流畅，不能显得过于突兀。

第四，保持镜头的连贯性。

要保持镜头的连贯性，包括保持时间上的连续性与空间上的完整性。

第五，镜头组接要符合轴线规律。

主体物在进出画面时，需要注意拍摄的总方向，从轴线一侧拍，否则两个画面接在一起，主体物就要“撞车”。

所谓的轴线规律，是指拍摄的画面不能有“跳轴”现象。在拍摄的时候，如果摄像机的位置始终在主体运动轴线的同一侧，那么构成画面的运动方向、放置方向都得是一致的，否则就是“跳轴”，跳轴的画面除特殊的需要外，是无法组接的。

第六，保持一定的方向感。

举例来说，当两个人面对面交流时，由于两人各自的视角范围是不同的，因此，当视频中出现其他人物或事情时，两人做出的反应时间和反应状况是不同的，需要特别注意，避免从一个人的视角出现其他人物或事情时，两人同时做出同样的反应，这有违常理。

第七，确保画面色彩的协调。

素材中各个镜头由于拍摄场景、光线的不同，在色彩呈现上会有差异，在剪辑的过程中需要调整不同素材的色调，确保过渡镜头前后的色彩一致。

（2）剪辑的基本流程

视频剪辑的基本流程如下：

第一，熟悉素材。

没有足够丰富的原始素材，很难剪辑出优秀的视频。相关统计数据显示，一部优秀的纪录片与素材比值高达1∶30，也就是说，每30个素材镜头才能选用1个镜头。在视频剪辑时，同类素材最好多准备一点。

剪辑师在拿到前期拍摄的素材和相应素材库中的素材后，首先要从整体上熟悉一遍素材，对每一个素材都有一个大致的印象，才能配合脚本，厘清剪辑思路。

熟悉素材之后，剪辑师要和创作团队一起讨论下一步的剪辑思路，整理出基本的剪辑架构，在基本框架上加入中心思想、主题风格、剪辑创意等元素。

第二，素材分类。

从整体剪辑的思路和框架出发，对素材进行过滤和分类。最好的方法是将不同场景的系列快照分类到不同的文件夹中，可以借助项目管理软件完成。进行素材分类主要是为了便于以后的编辑和资料管理工作。

第三，粗剪。

粗剪是先将剪辑结构确定好，包括内容的顺序、剪辑的方案等，简单来说，就是梳理一下剪辑思路。

在粗剪环节，要将完成度高的镜头按照剪辑思路的顺序进行排列组合，将无效的素材剪掉，尽量保留与内容相符的画面。粗剪是确定整条视频的方向，不用计较每一场的节奏等这些细节性的问题。主要是结合分镜头脚本，依照镜头的顺序、人物的动作对话等将镜头连接起来。

第四，精剪。

在粗略的剪辑方案确定之后，剪辑师还需要对影片进行一次精细的剪辑。视频精剪也就是优化剪辑，要从细微之处再对视频的节奏和氛围进行调整，在粗剪排列的基础上，对每一个镜头做进一步细化，包括剪切点的选择、镜头长度的处理、音乐节奏点的把握和衔接效果的添加。另外，还可以在视频之间加入转场、贴纸等，需要花比较多的时间。精剪并不是一遍就能完成的，反复剪辑调整才能剪出满意的作品。

第五，添加特殊效果。

视频剪辑完成后，需要添加一些特殊效果，如字幕、色调、标题文字、背景音乐等，使作品更加饱满。最后将剪辑并添加完特殊效果的视频渲染输出，导出视频成片，发布即可。

3. 短视频剪辑的手法与技巧

剪辑是一种特殊的蒙太奇手法，是由特写镜头直接跳切到全景镜头或由全景镜头直接跳切到特写镜头的组接形式。两级镜头的组接能使剧情的发展在动中转静或在静中转动，通过剪辑，能让视频素材实现完美组合衔接，产生特殊的艺术效果。

（1）剪辑的基本手法

常见的剪辑手法包括以下几种。

第一，离切。

离切，即在当前主镜头中插入其他镜头，常用于回忆场景。插入的镜头既可以是同主角处于同一空间的镜头，用来辅助剧情发展，也可以是主角的内心世界，以表达其心境。插入镜头完成后，再顺应剧情发展，回归到主镜头。

第二，顺接。

顺接剪辑手法适用于剧中角色在做连贯动作时，画面被不同方位的镜头捕捉，然后将不同镜头中的素材顺接到一起，能使动作的衔接更加顺畅，多用于主角的动作交集画面。

第三，跳切。

跳切是以跳跃的方式来加快视频进度的剪辑手法，往往是同一镜头场景不变，但是主体会发生变化。

剪辑中通常将一段素材切成好几段，去掉其中不需要的部分，将需要的部分前后衔接在一起，形成一种跳跃感和加速的效果。跳切经常用来表达时间的流逝，或用来提高叙事效率，使用场景包括长话短说、真人出镜、录制课程或者讲解时。

第四，匹配剪辑。

匹配剪辑是指利用两个非常相似或者有关联的物体，通过镜头的转场来使其具有相关性。匹配剪辑连接的通常是动作一致的两个镜头，或者构图一致的镜头，通常用在场景切换中。匹配剪辑由于画面总是从一处跳到另一处，同跳切有些类似。匹配剪辑既可以表现在视觉上，也可以表现在对白上（当前对话突然中断，跳到下一段对话）。

匹配剪辑常用于以下四种情况：

其一，动作。前后两个画面的动作，运动方向相同。

其二，背景。同一主体，不同背景。

其三，物体。前后两个画面的主题相似。

其四，视线。前后两个场景人物的视线有相关性。

第五，交叉剪辑。

交叉剪辑是指在两个不同的场景来回进行切换，以此来建立角色的交互关系。交叉剪辑在通话场景中经常用到，可以加重观众的紧张感和悬疑感，也可以用于展现角色的内心波动。

第六，淡入淡出。

淡入淡出是好莱坞大片常用的剪辑手法，即当一个镜头结束时，视频画面会逐渐变黑，一直到整个屏幕变黑，下一个镜头再从黑暗中慢慢淡出。

第七，隐藏剪辑。

隐藏剪辑就是运用遮挡物的出现来完成镜头的转折，让遮挡物成为镜头的转折点。

第八，声音先入。

声音先入是指下一个镜头的声效在画面出现前响起，未见其人，先闻其声。

（2）剪辑的常用技巧

为了使作品呈现出来的效果更好，需要用到一些剪辑技巧。下面分享几个非常实用的剪辑技巧。

第一，专属片头片尾。

短视频的片头片尾非常重要，片头可以放吸引用户注意的素材，片尾可以放引导关注、强化认知的内容。更重要的是，为了打造账号IP，可以设计一个专属的固定开头或结尾，以增加账号的识别度。例如，旅行博主“海哥量地球”的片尾采用的都是固定的文字“脚步丈量·心灵感悟”，是其IP形象的重要构成部分（如图6-1所示），给粉丝留下了深刻印象。

图 6-1 “海哥量地球”视频片尾

第二，设置好视频参数。

如果需要修改视频比例、分辨率、帧率等

参数，就要设置项目参数。视频比例就是视频的长宽比。当前视频网站常用的分辨率/清晰度是1080P或者720P，对应的视频尺寸是1920X1080、1280×720，最常见的视频比例为16∶9。要根据平台设置修改视频参数，如果视频比例不匹配，容易出现裁剪、压缩、黑边等问题。

第三，利用好画中画。

在视频剪辑的过程当中，可以适当地添加背景、视频、帖子、素材和标题等，从而增加视频的趣味性。

第四，增加转场特效。

画面变换场景时，可以使用转场效果，让视频衔接更加自然，呈现出来的效果更好，避免生硬。

增加转场特效时，可以运用一些小技巧，让画面过渡得自然一些。

在两个镜头转场的位置制作一个彩色的闪光，将前一个镜头的最后两帧和后一个镜头开头的三帧调成不同颜色。

在音乐重音的地方空一帧，做出类似闪烁的效果。

在前一个镜头的后两帧和后一个镜头的前两帧添加方向模糊的效果。最终达成的效果是镜头模糊之后，马上又清晰地出现下一个镜头。

前一个镜头的后两帧分别放大150%、200%，下一个镜头的前两帧分别放大300%、200%，然后恢复原大小，实现类似画面弹动的效果。

第五，场景加速。

对一些节奏较慢的剧情，可以进行加速，画面节奏越慢，加速时，画面越协调，要注意调整视频整体速度，以免画面跳帧。

第六，色调调整。

舒适的色调可以增强视频的质感，在后期的制作过程中，需要根据不同的镜头进行相应的更改。适当调整透明度，根据场景的明暗调整色温和色调。

第七，根据背景音乐把握视频节奏。

如果视频有背景音乐，可以在音乐节奏舒缓时剪入较长的镜头，如有叙事和情节的镜头。当音乐节奏变快、节奏感较强时，可以插入一些画面内有强烈动势的镜头，如挥拳、奔跑、镜头急推急拉。

第八，二次配音。

视频剪辑时，需要学会用配音来补充画面内容。二次配音可以增加短视频的原创度。

第九，添加特效和字幕。

在做视频剪辑时，可以根据短视频的色调、画面来选择不同的特效，以丰富画面。另外，字幕也是不能忽略的，它能提高视频的可看度。

第十，添加水印。

在视频剪辑的过程中，要记得添加水印，既可以添加明显的水印，也可以选择相对隐蔽的水印，这样能够避免视频被盗用。

4. 直击心灵的配乐动人心弦

配乐是短视频的一个重要组成部分，也是影响短视频上热门的关键要素，甚至在视频内容一般的情况下，恰到好处的配音能起到锦上添花、事半功倍的作用，产生1＋1>2的爆款效应。

要在海量的背景音乐中选择适合视频内容、节奏和风格的BGM不是一件容易的事，既需要多听、多感悟，又需要敏锐的乐感、丰富的经历，亦需要遵循一定的配乐技巧，如此，才能为短视频配上动人心弦的BGM。

（1）根据账号定位、内容基调选择配乐

首先，配乐要符合账号总体定位、气质，比如搞笑类的视频账号，配乐就不能太抒情、太深沉；一些严肃类话题的账号（如法律类、知识类），配乐就不能太另类。否则，不匹配的配乐会扰乱账号定位，带来混乱的观看体验。

其次，配乐要符合视频内容的情绪和基调。明确内容想要传达的氛围情绪，是舒缓解压风、搞笑风，还是自然风，确定好情绪和基调，才能进一步对短视频中的不同画面进行背景音乐的筛选，去思考用户看视频的时候，最希望听到什么配乐。举例来说，如果是风景类视频，可以选择一些大气磅礴的音乐；如果是古建筑类视频，可以配一些古色古香的音乐；如果是美食类视频，可以搭配一些相应节奏的轻音乐；如果是旅行类视频，则可以匹配一些经典的纯音乐。

（2）根据视频节点来配乐

大部分短视频的节奏和情绪都是由背景音乐来带动的，为了使背景音乐

与视频内容更加契合，在进行视频剪辑时，要按照拍摄的时间顺序先进行简单粗剪，然后分析视频节奏，再根据整体的视频节点去寻找合适的音乐，让视频内容与音乐更契合。

比如，对于长镜头较多的视频，可以使用节奏缓慢的配乐；对于多镜头快速切换的视频，可以使用节奏较快的配乐；对于搞笑类的视频，可以在最后一个节点进行配乐切换，以强调反差；对于记录类的视频，可以随着场景的切换，来进行音乐的切换，部分场景也可以用原声来替代，随画面而变动，在画面切换的同时，增加用户听觉上的剪辑感。

总体来看，配乐和视频画面节奏匹配度越高，画面越具有观赏性。

（3）配乐不要喧宾夺主

配乐的目的是让视频更完美，让画面衔接更流畅、更自然，起到画龙点睛的作用。最高境界的配乐是让人根本感觉不到音乐的存在，只是沉浸在视频的画面、情节和情绪中。

配乐不能抢了视频的风头，否则会导致主次颠倒，让用户弄不清楚关注的重点，也会掩盖作品本身的亮点。

乐感的培养、经验的积累是一个长期的过程，如果不太会配乐，可以参考“一帧”App的抖音音乐热度榜来查找背景音乐。

在“一帧”App抖音音乐热度榜中，抖音前Top100热度音乐的名称、制作人、使用总量和使用增量等基础信息都清晰地展现出来。创作者在热度榜中能够进行日榜、周榜以及自定义区间榜单的选择，然后根据自己搜索的结果进行针对性筛选，非常方便。

最后，分享一些常见的视频背景音乐（见表6-1）。

表6-1 抖音短视频背景音乐

视频类型	背景音乐
影视解说类	*Tuesday*、*lordly*、*time back*、*la vie ne ment past*、*sansa lala*、爱恨交加、*geisha*、潇湘子、*elsinore revisited*、*shiver*、*Paris*、*fatal vision*
探店类	*newface*、太空旋律、*bingo*、*old treads*、*butter cup*、*the party troll*、*bygone bumps*、*micmacs a la gare*、*cu chill thoi*
记录类	*crush*、淡忘的回忆、那年夏天、*say hello*、*rain yroad*、*we survived*
生活类	那些你喜欢的歌儿、和你一样、*Aloha Heja He*、*djre*、又见山里红、*someboby*、春暮花落雨、莺莺祥月、明天会更好、*epiphany*
知识分享类	*despair*、*knee high to a Gypsy*、*nothing to fear*、*say hey clap hands*、*jhak maar ke*、*crossing winds*、*legends of time*
情感类	幻昼、安河桥间奏、*without U*、一个人过冬天、*way back home*
搞笑类	*you know i will go get*、*we no speak Americano*、*the party troll*、*butter-cup*
旅游类	*this feeling*、*dont hesitate to kiss me*、*a thousand miles*、*i never told you*、*sakura tears*
励志类	*rags to rings*、*star sky*、*go time*、*sunburst*、*friendships*
轻快类	森林狂想曲、琵琶语、故乡的原风景、克罗地亚狂想曲、天地孤影任我行、*Nightingale*、*Exodus*、土耳其进行曲、小号进行曲、拉德茨基进行曲、威廉退尔序曲
建筑类	慈宁宫森严、紫禁城、*Palace Memories*、*Open Sky*、净土曼陀罗、大明宫词–序曲
情绪激昂类	苏维埃进行曲（英文名称为*Soviet March*）、*The Mass*、地狱进行曲、1492 *Conquest of Paradise*、*She is My Sin*、帝国进行曲、*Rock House Jail*、国际歌、*Hero's Theme*、*Purple Passion*、*Beethoven Virus*、*The Dawn*、英雄的黎明

5. 走心的配音让人欲罢不能

在短视频的制作过程中，配音是一项重要工作。很多视频，配音甚至比内容更具吸引力，能在第一时间吸引住观众，提高视频播放数据。

配音会直接影响短视频的质量和推荐量。许多短视频内容不错，但是败在了配音上。大多数的短视频需要后期配音处理，但每个人的声音条件有限，即使录音设备足够好，很多人往往也无法实现理想的配音效果，尤其电影解说、情感语录、励志语录、搞笑、教程解说类的视频对配音的要求非常高，仅凭创作者自身的客观条件，很难通过录音制作出优秀的短视频配音。在这种情况下，就要考虑借助一些配音软件或专门的配音演员来完成配音工作。

（1）九锤配音

九锤配音App于2021年6月上线，是一款文字转语音合成配音软件，用户可以自定义编辑文本内容，支持1万字长文本合成，合成后支持导出MP3、WAV或MP4文件，融合多平台200多位AI情感配音员，部分配音员可以选择情绪且逼真自然，还可以调节音速和音调，自己配BGM，可用于短视频配音等。

九锤配音使用起来非常简单，只需将配音文案放入九锤配音当中，然后选择合适的配音员，比如动漫配音、地方配音、温柔女音、稳重男音等几百种声音，选择好了配音员，就可以合成配音，最后将配音导出，同短视频剪辑到一起即可。

（2）熊猫宝库

熊猫宝库App是一款很好用的配音工具软件，可以将文字转换为语音，适用于多种场景下的配音需求，还有海量的背景音乐可以直接使用。软件里有200多位AI主播，可对语速、语调、节奏、数字读法、多音字、背景音乐等进行全方位设置，制作简单、高效，使用时将需要配音的文案放入熊猫宝库中，再选择合适的配音员，比如方言、童声、女声、男声等，然后一键合成配音。

（3）推塔塔

推塔塔是一款拥有海量配音主播（如图6–2所示）、功能丰富、电脑和手机互通的文字转语音真人发声软件，使用方法简单，声音真实有感情，可为抖音、快手、B站、微视、小红书等视频配音，可在线免费试用体验。

推塔塔作为语音转文字工具，它的转换是实时的，开启录音后，软件即开始转换，而且能够对转换后的文本进行更正，方便又实用，还可以将转换后的文本保存为文件。

图 6–2　推塔塔部分配音主播

（4）大漠传音

大漠传音是一款特别智能的短视频配音工具，里面的配音声线多达上百种，除各类风格和特色方言配音外，还有多人配音、对话配音等。大漠传音借助先进的人工智能语音合成系统，能够实现流畅、饱满的语音效果，支持调节局部变速、插入间隔功能，自由设置发音语速，使合成的声音丰富，适合不同的配音环境。

（5）剪映

剪映的主要功能是剪辑视频，同时兼具配音功能，不过主播选择面比较窄，功能也不是特别完善。其智能配音功能可以满足一些基本的配音需要，可以在一个软件内实现剪辑和配音工作，相对方便一些。

（6）配音火火

配音火火是一款微信配音小程序，无须下载，微信搜索后，在线使用即可，支持普通话、英语、粤语、四川话、东北话、湖南话、台湾话等多个语种，高拟真人发音，抑扬顿挫，还有多种情绪可以选择，当前免费使用。

（7）云配音

云配音一般指国内知名的云计算平台所提供的配音服务，主要包括阿里云、百度云、腾讯云（见表6-2）。

表6-2　云配音公司对比

公司	服务
阿里云	阿里云的语音合成可以直接调用接口进行语音合成，合成后的语音可以导出来，和短视频剪辑到一起即可。使用阿里云的语音合成，可以在注册后进入控制台中，创建项目，点击总览或全部项目，创建项目后保存，再进行语音合成即可。 在阿里云中，语音合成后的声音真实饱满，比较适合做配音

续表

公司	服务
百度云	百度云语音合成支持多语言多音色，支持中文、英文、中英文混读合成，有基础音库和精品音库共14种音库供用户选择，可以让短视频拥有个性化的声音
腾讯云	腾讯云可通过语音合成来为短视频配音。目前，腾讯云语音合成支持37种声音效果，并且支持自定义的音量、语速等

（8）布谷鸟配音

布谷鸟配音是一款AI智能拟人的配音App，产品采用AI技术，可设置多音字、间隔、音效等参数，高度拟人化。支持多人配音，自然流畅，自动化合成，适用多种场景。同时支持模拟真人对话场景，自由设置发音人，一键生成，高效便捷。

（9）必剪

必剪作为剪辑软件，也具备配音、录音功能，用户导入短视频之后点击音频，然后点击录音，就可以开始为短视频配音。必剪还可以做文字转语音朗读，添加字幕之后进行文本朗读即可。必剪的音色不是很多，但可以满足基本需求。

（10）nopApp

nopApp是一款电脑端的文字转语音软件，其宣传口号是“在线应用，在线使用，无须下载，用完即走”。使用时只需要把文字复制进去，然后选择声音，调节语速、音调、音量等，就可以点击合成、下载。

（11）专业配音员

传统意义上的配音是一门语言艺术，也是一项专业性非常强的工作，是配音演员们用自己的声音和语言在银幕后、话筒前进行塑造和完善各种活生生的、性格色彩鲜明的人物形象的创造性工作。

对于预算充足的短视频团队，可以找专业配音员来配音。不过，一线配音员的收费标准比较高，稍微有些名气的配音员收费每100字都要上千元。如果预算不多的话，可以去淘宝之类的电商平台购买配音服务，价格为每100字40～50元，但配音质量可能要差一些。

6. 独特封面是点击率的保障

“这个封面一看就让人有点击观看的欲望！”

“这个封面标题和文案，一看就让人很想知道这个视频讲的是什么！”

常刷视频的人不难发现，有时一句好文案就能把一条视频推上热门。

封面、标题和文案是短视频的窗口，除了一流的创意和优质的内容，视频的封面、标题和文案也同样重要，否则即使内容再好，用户搜不到或看了封面根本没有点开观看的欲望，也会影响短视频的各项数据。

（1）封面设计的基本原则

视频封面包含封面图片、标题和文案，优秀的封面应符合以下原则：

第一，封面要与视频内容互相呼应。

封面要拒绝标题党，要同内容直接关联，让用户可以从封面中了解到视频的大致内容和方向，吸引他们点击进去。

第二，封面图片要清晰、有重点。

封面图片既可以单独设计，也可以直接采用视频截图，但一定要保证清晰度，模糊的封面图片会降低推荐量。图片要能反映视频重点，让用户一眼能够看出大概内容。

第三，标题要包含关键词。

封面标题要包含以下两类关键词。

一类是有关视频内容的关键词。比如美妆类的内容，如果标题里出现“护肤”“口红”“美白”“祛斑”等关键词；美食类内容出现“奶茶”“烧烤”“火锅”等关键词；旅游类内容出现“自驾”“骑行”“露营”“房车”等关键词，系统将会根据关键词有限推荐给具有共同标签的精准人群，不仅能够大大提高上热门的概率，也会增加精准流量和精准粉丝。

另一类是爆点关键词。爆点关键词是更容易引爆流量的热词，既可以是当下的热门话题，也可以是反常规的关键词，比如“易烊千玺”“余欢水”“‘90后’”“‘00后’”“C位逆袭”。例如，“84岁跑者参加马拉松，坚持跑完半马”，这样的标题更能引发关注度和话题性。

第四，封面文案要尽可能简短。

短视频抓住的是用户的碎片时间，一个视频呈现在用户面前的时间只有短短几秒钟，因此封面文案要尽可能简短，让用户一眼扫过就能明白大概意思。字数一般控制在15～20个，手机上显示1～2行，字数太多的话，会让用户很难找到重点，也会产生视觉疲劳。

例如，“小时候我们词不达意，长大了我们言不由衷”“对别人要求松一点，就不会总失望；对自己要求严一点，就不会总沮丧”。

第五，引发共情。

励志、同情、真善美、正能量等主题的文案之所以能够火爆，是因为它们击中了用户的痛点，引起了大家的共情和共鸣。例如，“为什么要努力赚钱？因为钱可以解决99%以上的烦恼”“我常常在想，到底是什么样的人喜欢看我的视频？喜欢我记录的故事，应该是内心善良、喜欢安静、向往田园生活的人吧”“我时常在想，到底是什么样的人，喜欢我拍的这些作品，喜欢我记录的故事！一定是喜欢安静的人吧”（如图6-3所

图6-3 容易引发共情的封面文案

示）、“远嫁的痛，结婚一年我终于懂了”“成为妈妈：深夜崩溃，在娃面前大喊大哭”等。

第六，引起互动。

具有引导性的文案可以引导用户去评论互动，同时视频内容要有槽点，让用户有点赞或者评论去吐槽的欲望。这类文案以疑问和反问居多。比如“你觉得哪套更好看？”“杨坤diss惊雷，你怎么看？”仿佛是在和用户对话，能增加他们的参与度。

（2）高点击率的封面文案类型

高点击率的封面文案有一定共性，大致有以下几类：

第一，总结型。

对相关细分领域和视频内容进行盘点、总结，将核心观点或数据进行提炼，主要关键词包括“数字”“集合”“盘点”“全套”“榜单”“清单”等，尤其适合评测、分享类的视频，比如，“最好用的……大盘点”“最好看的……电影清单”“收藏率最高的……排行榜”“荒岛求生系列合集”，让人一看就觉得满满的干货，忍不住点赞、收藏、关注。

第二，连载型。

适合系列选题。系列标题意味着持续的内容更新和输出，会让用户对作者的创作能力产生信任，很大概率会关注并开启追剧模式。关键词包括“系列”“话题”“持续分享干货”“我的……第N天”。例如“新房装修系列——再见了飘窗（七）”。

第三，提问型。

通过提问的方式，让用户积极参与到互动中，关键词包括“为什么”“怎么样”“如何”“你认为”“怎么做”“如何搞定”“你同意吗”“你怎么看”等。例如，“仅凭一张照片，如何找到飞机航班号？”“如何在15天轻松韩语入门？”“女生婚前一定要买房，你同意吗？”

第四，假设型。

通过假设某种情况，将用户带入某种场景，提高其对内容的兴趣和参与度。关键词包括“假设”“假如”“如果”“难道”“应该怎么做”等。例如“当你跟老公两人出门，谁都不想开车时，应该怎么做？”

第五，对比型。

对比型内容容易引起关注和兴趣，要通过封面文案将对比要素凸现出来，关键词包括“VS”“PK”“区别”“不同”“不一样”等。比如，“三年前的房价VS现在的房价”“某某区学区房大PK”“特斯拉和比亚迪的电池有何不同？”

第六，名人背书型。

名人包括明星、专家、企业家、网红、KOL等，名人背书型文案既可以增加用户对内容的信任度，也可以激发用户的明星效应和从众心理。例如，“某某力荐”“某某直播间同款”“某某等明星打卡过的网红餐厅”等。

第七，悬念型。

悬念型封面一般运用设置悬念的方法，通过封面上吸引人的文字标题或者人物画面，激起用户的好奇心，引导用户点进去观看，了解短视频内容最后的结果如何。

悬念型封面除图片外，更多的是在文案上展示出来，将视频中吸引人的内容先在标题中进行提示或暗示，在用户心中设下疑团，引起思考，诱发用户的好奇心，将他们想要把真相一探究竟的欲望激发到极致。例如，“公交司机为写作业小女孩亮灯，她留下一张字条看哭网友！”“支付宝索赔1元，告的是19岁大学生！到底为啥？”“青岛小伙在海上漂流25天后上岸，惊呼国内发生了什么？”

第八，痛点型。

抛出用户痛点，提供解决方案，适用于实用干货类的选题内容。使用这类标题时往往以标题为主，封面为辅。例如，“不想口臭找上你，这3样真不能少”“外出吃火锅，总是拉肚子，怎么办？”“不注意这一点，辅食吃再饱，娃都难长肉”。

第七章

吸粉引流：快速引流、快速吸粉获客

互联网赚钱的公式是流量等于金钱，只要有了流量，变现将水到渠成。

引流涨粉是所有抖音账号运营者更新内容的原动力，也是账号运营的首要目的。一定数量的（精准）粉丝基础是账号未来进行变现的基本前提，拥有流量和粉丝是抖音账号未来变现的最大底气。

1. 借助抖音官方工具快速涨粉

涨粉是所有抖音账号运营者更新内容的最大动力。

运营抖音，涨粉是首要目的，一定数量的粉丝基础是账号未来进行变现的前提，而且，通过第一波粉丝的积累与传播，新账号也能得到平台分配的更多流量。

（1）最佳的涨粉途径是优质内容

优质内容和爆款内容是抖音上最直接、最靠谱儿、最容易的涨粉途径，只要将内容做好，流量自然会来，粉丝也会随之涨起来。

第一，保持内容的垂直。

抖音涨粉的基础是根据账号的垂直定位，分析垂直领域粉丝的用户画像，然后依照他们的标签、画像来进行内容定位。如果做的是美妆类账号，可以通过发布美妆技巧、美妆产品的使用方法等垂直内容去吸引垂直粉丝关注。

第二，发布高质量的原创作品。

根据垂直定位，发布优质的原创视频。高质量的原创作品是每个平台都极力推荐的，无论时代如何演变，唯有高质量的内容是不可替代的。在抖音发布高质量的原创作品会获得更多的推荐量。高质量内容对于粉丝而言意味着高价值，吸粉能力更强。

第三，持续输出优质内容。

保证内容的持续输出，坚持才是胜利。保持日常更新视频不仅能提高账号活跃度，提升粉丝量，也能提高账号权重，获得更多的平台推荐。如果更新不稳定，流量会逐渐下降，也容易掉粉。

第四，多做复盘总结。

随着粉丝量的不断增长，要不断更新粉丝画像，多做复盘总结，分析粉丝喜欢什么内容，结合同类账号的爆款内容，在垂直定位的范畴内，尽可能分享粉丝喜欢的内容，提升粉丝黏性，吸引新粉丝关注。

（2）投DOU+助推涨粉

爆款视频是最佳的涨粉利器，在视频发布之初，如果发现视频有火爆的苗头，可以适度付费投放DOU+助推一下。如何判断视频是否有爆款的潜质？在视频发布1～2小时后，根据以下数据来确认：

第一，完播率。

完播率多少算好？0～10%为较低水平，10%～30%为一般水平，30%以上为较好水平。如果完播率达到40%，说明账号吸粉能力很强，视频优质度也高，非常受用户欢迎，也会被平台引荐到更高的流量池。一般30%以上的完播率就可以考虑投DOU+。

第二，点赞率。

一般点赞率达到5%～10%，就有爆款的潜力。

第三，转发率。

转发率在1%以上。

第四，评论率。

评论率在1%或以上。

投DOU+有一个基本原则，即不要一次性投入过多，先小范围地去测试，如果效果好，则逐渐加大投放。

（3）借抖音二维码涨粉

微信可以生成二维码，是很好的营销引流利器。目前，抖音也可以生成二维码。抖音二维码生成步骤如下：

打开App—右下角“我”—右上角“三条杠”—我的二维码，即可看到个人的抖音二维码。

像微信二维码一样，抖音二维码也可以实现精准的引流和营销效果。在具体操作上，可将抖音二维码添加到个人的各种宣传载体和社交账号上，比如社交账号头像、名片、海报、易拉宝、店铺展示、宣传画册等。

（4）利用评论涨粉

有时留言区的评论比视频本身更精彩，一些脑洞大开、恰到好处、锦上添花的评论本身也能获得成千上万条点赞，甚是热闹，而且热闹的背后也能起到很好的引流作用。

这些留言和评论比文章本身更精彩，各种天马行空、脑洞大开，甚至一条评论能获得成百上千条的点赞，很是热闹。看一个案例，视频内容为一辆红色敞篷车，封面文案为“女朋友喜欢敞篷车，今天6W给她提了一辆回家”，注意该视频下置顶的这条点评（如图7-1所示），评论本身非常专业，获得了超过1万条的点赞，注意这个用户是某精品车行，想必一条评论就会为其带来可观的流量。

图 7-1　视频置顶评论

评论涨粉，要选择流通领域的大号进行评论，因为流量大，如果点评内容比较犀利、观点独到，就可能引起其他网友的积极点赞、评论或是关注，自然可以起到引流和吸粉的目的。而评价一些流量小的小号是没有意义的。

（5）备注“有关必回”

抖音上的关注与被关注是相互的，自媒体希望被关注，而粉丝同样希望受到来自关注对象的互动与回复。如果能收到一些来自大V、明星级的作者的回复，他们会很兴奋，即使是收到一些普通作者的回复，粉丝也会小小激动一下，这是人之常情。

相反，如果长期的关注、评论一直得不到回复，那粉丝就会很失落，在一些视频的评论区，经常可以看到类似的评论——“回复一下呗，再不回复就取关了”，这正是粉丝此类心理的反应。

针对这种问题，除要注意评论区的回复与互动外，还有一个小技巧可以大大增加粉丝的好感，吸引更多关注。答案就是简单的4个字，注意案例中的“有关必回”（如图7-2所示）。不要小看这4个字，相关统计显示，它会大大提高关注率。道理不难理解，在同等内容的视频中，简单的4个字能够大大拉近同粉丝之间的距离，给人以最大限度的善意和好感。

图7-2 “有关必回”类视频

2. 如何将流量引到私域流量池

互联网圈有一句至理名言：“你的产品要么赚钱，要么赚流量！”

互联网的本质是流量生意。直白地说，互联网的流量就是用户，它是互联网公司的核心资产和核心命脉。

流量有公域流量和私域流量之分。

（1）公域流量

公域流量就是公共流量平台上的流量。公域流量平台主要有以下七类：

第一，门户平台。如搜狐、新浪、网易等。

第二，电商平台。如京东、淘宝、天猫、拼多多等。

第三，社交（软件）平台。如QQ、微信等。

第四，内容聚合型平台。如今日头条、腾讯新闻等。

第五，社区平台。如微博、知乎、百度贴吧等。

第六，视频内容型平台。如抖音、快手、西瓜视频、腾讯视频号等。

第七，搜索平台。如百度、搜狗、谷歌等。

公域流量平台拥有巨大的流量，公域流量从属于平台，分发权限也被各平台所掌控，随着流量红利逐渐消失，各大公域平台上的流量越来越贵，对于外部客户而言，这种流量是不可控的。例如，抖音、淘宝、百度、微信都是一个完整的生态，都是巨大的流量池，企业和商家可以通过投放一些广告来获取部分流量，但是其余大部分流量都不能为其所用。

（2）私域流量

私域流量是属于自己（个人、商家、企业）的流量。比如个人微信号、微信社群、微信公众号、企业官网、企业微信、小程序、自主App、自媒体账号中所沉淀的粉丝和客户就是私域流量，是拥有完全支配权的流量，是可以直接触达、多次利用、能实现一对一精准运营的用户流量。

私域流量具有四大特点（如图7-3所示）。

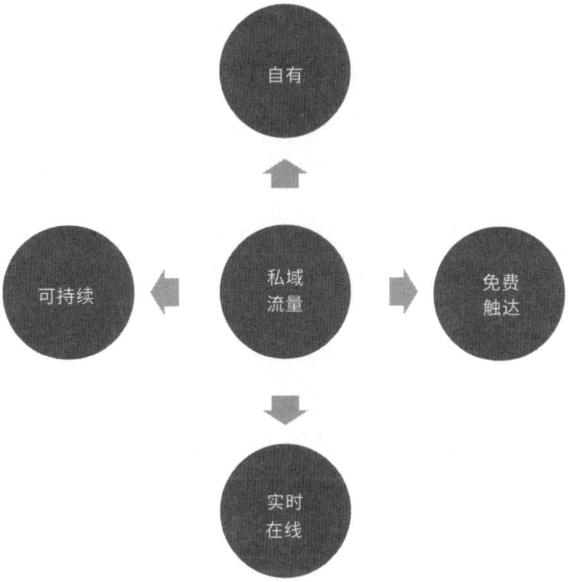

图 7-3　私域流量的四大特点

（3）打造私域流量池

只有私域流量才是自己的、免费的、可以反复触达的流量，要善于从公域流量平台上将流量沉淀到私域流量池。

自媒体人罗振宇称："未来的品牌没有粉丝迟早会'死'。工业时代，你只需要有顾客和用户即可，而未来时代没有你的社群、没有你的粉丝，你就是'死'。"

罗振宇所讲的"粉丝"和"社群"就是私域流量池。

抖音是一个巨大的公域流量平台。抖音上的粉丝黏性和忠诚性相对较差，只有引流到私域才是自己的流量。如何将抖音流量引流到私域流量池呢?

抖音官方是明确禁止站外引流行为的，不过我们还是可以借助一些流量入口来向私域流量池（主要是微信和微信群，企业抖音账号也可以导流至企业微信）引流（见表7–1）。

表7–1　抖音引流入口

流量入口	引流技巧
抖音号	将抖音号设置为微信号，并备注“全网同号”，吸引粉丝添加
个人简介	在简介中写上微信号，要做一些表情和谐音处理
背景banner图	在图片里可以添加引导微信、公众号，最好做一些谐音处理，调整好图片的尺寸，尽量让用户不下拉就能看到完整信息
粉丝群	粉丝群账号的入口直接展示在主页之中，吸引粉丝入群
私信	抖音私信功能可以对关注的粉丝发私信，也可以对未关注的粉丝发3条私信。私信可发送文字、图片、视频，通常配合福利引导添加私域
评论区	尽量不要在置顶评论中写联系方式，可以在后面点赞高的评论中隐晦地留下引流联系方式，也可以利用小号去评论区引流
视频内容	将引流联系方式隐晦地植入视频内容中，不可太生硬。抖音账号定位越精准、越垂直，粉丝越精准，变现越轻松，获得的精准流量就越多
直播	在直播中，主播可引导粉丝添加进私域，不要频繁提及“微信”二字，否则容易被断播或封号
蓝V引流	通过企业蓝V认证的账号，可以在主页挂官方电话和官方网站
信息推流	一种付费推广，也是最安全的引流方式，可将粉丝引流至微信、淘宝店铺等
多闪	多闪是抖音官方推出的一个社交平台，如果把用户引流到其他平台，可能会受到平台打压，但如果只是引流到多闪平台，是没有任何限制的
上传音乐	如果有音乐创作能力，可上传自己的原创音乐，可在音乐标题上直接留微信进行引流

3. 私域流量社群的运营与促活

私域流量运营的核心载体是微信，将抖音流量引流至个人微信后，可引导粉丝进一步加入微信群或企业微信，打造真正意义上的私域流量社群。

（1）建立粉丝社群

当账号具备一定粉丝基础之后，要开始建立粉丝群。在初始阶段，最好不要对进群粉丝设定过高的门槛，任何想加入微信群的粉丝都可以加入，这样微信群的规模才能迅速壮大，也能维持社群的活跃度和热度。

当我们费尽心思将粉丝吸引进微信群之后，其实才刚刚开始，而非万事大吉了，此时要做好营销工作，否则粉丝退群的速度要远远快于进群的速度，让前期的引流努力付诸东流。

因此，要想留住这些粉丝，并开展进一步的营销工作，就需要设计好方方面面的应对话术。

第一，欢迎话术。

新粉丝入群后，欢迎性话术的设计要充分换位思考，给人留下良好的第一印象。比如："欢迎新朋友加入我们的大家庭，本群每天定期分享×××方面的知识，如果觉得群里消息过多，可以设置消息免打扰，等空闲了再查看我们的群消息。另外，群里面会不定期举行直播间同款产品的优惠秒杀哦！"

欢迎话术的目的是得到大家的好感，所以说话的态度不要太过强势，尽量给人留下一个好印象，给他们的暗示应该是，我能提供给你们的是你们想要的，但是又不会过多地耽误你们的时间。

第二，群规话术。

规则性的话术也要尽可能语气委婉，免得惹人反感。比如："本群是学习交流群/折扣商品秒杀群，不允许发布广告、二维码、分享和其他无关信息哦，如果违规，会被请出去的。"

如果有人对此表示不理解，可这样予以解释："本群是学习分享群，为了方便大家学习交流，就要有一个清净的群环境，如果每个人都随意发布信息，那么群里就乱套了，时间长了，大家自己都会由于反感而退出。而且，太多的杂乱信息也容易让大家忽略一些关键性的优惠信息。"

第三，转介绍话术。

当群里有人想介绍朋友加入时，可以这样设计回复话术："亲，把咱们的群号发给你的朋友，申请加入时让他填写验证信息'××'，管理员看到这个暗号后，就会准许加入了，否则是无法通过的。"

第四，成交引导话术。

群里面除进行日常学习、分享信息外，不要忘了最终的营销变现目的，在发布产品信息时，可根据产品类型来设计具体的直播引流话术。比如："我们的××又到货了，为了感谢大家一直以来的支持与陪伴，本周五晚八点，直播间不见不散。"

私域社群搭建完成之后，要通过一系列措施做好社群运营与促活。

（2）社群激活

建立私域社群的目的是锁定流量，为今后的变现（直播、线下经营场景）持续输出流量，有必要保持社群的活跃氛围，使群成员产生信任感以及对产品、服务的认可度。

保持社群活跃度的常用方法有以下几种：

第一，优惠激活。

喜欢占便宜是不少人的天性。在社群中要经常推出优惠活动，发放优惠券或社群专属优惠资格（既可用于直播间，也可用于特定品牌或线下专属门店）。通过丰富的优惠让利活动，促进“线上参与，线下领取，线下消费”，实现线上到线下的引流，提高到店率，增加顾客黏性。

第二，内容激活。

通过有价值的内容输出，使之发挥黏合剂、润滑油的作用，用来调和社群氛围。分享的优质内容既可以是软文，也可以是专业知识，还可以是有创意的短视频。

第三，红包激活。

红包是活跃社群氛围的利器，群主通过不定期地发放红包，能有效提升群成员的活跃度和参与度，保持社群活力。

（3）完善社群管理系统

私域社群要设置一个称职的群主或管理员，要求具备一定的群内社交能力，能够活跃社群氛围，圆润地处理各种群内关系。另外，社群还要建立社群规则，否则，没有规矩、各种垃圾信息满群飞的社群迟早会走向末路。

第一，入群仪式。

让粉丝获得社群归属感，从进入社群的第一时间就能感受到，比如入群介绍，或者发放入群欢迎红包。

第二，特别称呼。

社群中的粉丝应当拥有特别的称呼，让社群粉丝感受到自己的特别，这样才能让他们对社群有更强的归属感，进而做出更大贡献。

第三，身份级别。

经过一段时间的运营和沉淀之后，粉丝社群应该做进一步的成员分级和角色划分，筛选出核心成员，比如KOL（Key Opinion Leader，意见领袖）、KOC（Key Opinion Consumer，关键意见消费者）等。

私域社群运营需要不断推陈出新，给出一些创新玩法，保持社群成员的新鲜感，提升其参与度。

根据社群所依托的主体（个人社群、企业社群）类型，除不定期举行各种群内活动或发放福利外，还可以定期组织线下活动，交流情感。不过，社群运营的最终目的是为商家、企业输出流量、变现，社群运营者要始终牢记这一宗旨。

4. 拆解抖音直播间的推流机制

抖音直播间的推荐和流量高度依赖算法。抖音平台通过算法获取每个直播间的特征，再根据这些特征，把直播推荐给可能喜欢这些主播的观众。

要撬动直播间的流量，首先要搞清楚抖音直播间的推流机制。

（1）留住自然流量

同短视频一样，每个直播间都会被系统分配一个初始流量。通常在开播前20分钟左右，平台会给直播间推一波流量，即初始流量。

如果初始流量反馈给系统的数据较好，平台就会继续进行推流，给第二波流量，类似短视频的叠加推荐。

系统是如何对直播数据进行评判的?

主要依据直播间的点赞、评论、停留时长、下单等数据，这些数据都是用户留下的，系统会根据这些数据来判断直播质量是否达到标准，然后决定是否推流。

如果第一波流量数据反馈好，就会推第二波流量，第二波反馈好，再给第三波流量，这个流量是一波接一波叠加的。

如何才能留住平台给的自然流量呢? 主播或主播团队要想方设法让自然流量留在直播间，加强直播互动，引导用户点赞、评论、关注、下单，给系统以积极的数据反馈。

先把进入直播间的第一波人留住，然后设法留住第二波人、第三波人，这样直播间人气就会慢慢涨起来，不断利用直播技巧，让新进来的人点赞、评论甚至下单，形成一个良性循环，人气就会继续涨起来，系统也会不断地为直播间进行叠加流量分配和推荐。

主播团队需要通过一些小技巧来留住用户，让用户互动并下单。

如果是电商直播，直播间的下单率、成交金额、好评率等指标会影响推荐。其中有一个关键指标GPM，其释义为平均每一千个观众下单的总金额，常用来衡量直播间的卖货能力。

如果是聊天、才艺式的直播，除直播间的互动情况外，直播间的连线情况也会影响推荐。

大多数直播间依靠的是自然流量，因为很多直播间的广告成本非常高，很多人无法靠广告推广获取直接利润，所以自然流量的获取就显得尤为重要，因此，要尽力留住自然流量。

需要注意的是，主播在直播间要注意自己的行为规范，避免骗赞、骗互动等不良行为，如果被用户举报，就会影响系统推荐。

（2）提升直播间权重

有些抖音号明明只有成百上千个粉丝，但直播间在线观看人数能达到几千甚至上万，而有的抖音号拥有数万甚至数十万粉丝，但是直播间仅仅有几百人在线观看。

为什么会出现这样的情况？因为直播间的权重不同。

首先大家要清楚一点，抖音账号权重不等于直播间权重，也就是说，并不是账号的粉丝越多、发布的视频越多，直播间的权重就越高。

直播间权重与抖音账号权重是两套算法评估系统给予的，这也是在抖音上有很多新手主播也能开启直播带货的原因。

影响直播间权重的因素主要包括直播时长、直播间音浪、直播间互动率、用户停留时长、用户转粉率、GPM等（见表7-2）。

表7-2　影响直播间权重的因素

影响因素	解读
直播时长	整场直播时间的长短。同时段，直播时间越长，抖音直播间权重越高
直播间音浪	音浪越高，抖音直播间权重就越高
直播间互动率	直播间粉丝和主播的互动率，包括点赞、刷礼物、评论数量。互动率越高，直播间权重越高
用户停留时长	进入直播间的用户，从进入到离开的时间长短。平均用户停留时间越长，直播间权重越高
用户转粉率	指本场直播新增关注用户占进入直播间总体用户的比率。用户转粉率越高，直播间权重就越高
GPM	平均每1000个观众下单的总金额，GPM常用来衡量带货直播间的卖货能力，GPM值越高，直播间权重就越高

可根据上述影响因素，从以下角度入手来提升直播间权重：

第一，保证直播时长和频次。

保证直播时长是对直播账号最基本的要求。如果是新手主播，直播时长就更加重要。

新手主播最好能做到每天直播，每次直播至少2个小时。如果无法做到每天直播，那么至少要做到每周直播2～3次。

尽量保证按时直播，保证直播开播时间的规律性。例如，计划每周二、周四、周六三天直播，就保证这三天直播时间的规律性。每天晚上8～11点直播，或者每天白天固定时间段直播。

这样的直播安排有利于积累直播时长，提升直播间权重。规律的直播时间也能让粉丝养成定时定点进入直播间的习惯。

第二，提升互动率。

抖音直播间的互动率越高，气氛越活跃，抖音直播间权重就越高。所以，我们要想办法提高直播间的互动率。

直播时要多做价值输出分享，多互动，通过一些语言技巧和话术套路，引导大家刷礼物。刷的礼物越多，直播音浪越高，直播间的权重就会得到提升，直播观看人数一定不会少。

除了常规的直播间互动，还可以采取连麦PK的方式为自己的直播间导流，如果能够连到一些大主播，或者连到比自己直播间人数多的主播，哪怕PK输了，也能给自己的直播间导入一部分流量。

还可以同自己的粉丝或者好友连麦直播，这样能让粉丝更有参与感，形成二次宣传，吸引更多人进入直播间，提升直播间人气。直播间人气高，说明直播间受欢迎，权重自然而然就提升了。

第三，优化直播内容。

优质的直播内容不仅可以留住用户、获得音浪，更有可能成功转粉。

首先，要做好直播间的内容规划，包括直播定位、直播间装饰。

其次，要掌握平台规则，按平台调性进行直播，更容易获得推荐和流量。多观察其他大主播的直播模式，不断学习，不断复盘，不断优化直播内容。

（3）获得付费流量

有条件的主播或直播团队可以付费获得直播流量。

抖音平台给商家和达人提供了引流和推广的工具，主要包括DOU＋和抖音巨量千川。

第一，DOU＋。

DOU＋是一款视频/直播间加热工具，可为短视频或直播间提高曝光量及互动量。注册了抖音的用户均可以投放DOU＋，既可以自投，也可以代投（帮其他人投放）。

第二，抖音巨量千川。

抖音巨量千川融合了原有的巨量引擎和DOU＋两大投放场景。为了满足抖音商家对电商营销场景的投放要求，巨量千川一共分为“小店随心推”“PC极速推广”“PC专业推广”三个版本，操作难度也逐级递增，商家可根据自身要求进行选择。

DOU＋和巨量千川的不同主要表现在以下几个方面（见表7-3）：

表7-3　DOU＋和巨量千川的区别

区别	工具	
	DOU＋	巨量千川
投放方向不同	偏向“强内容，弱营销”，如果没有带货目的，纯粹想要推广发布的短视频或直播，推荐使用DOU＋	偏向“强营销，弱内容”的推广，主要用于直播带货推广
投放限制不同	视频/直播间中没有挂商品的小黄车，才能用DOU＋进行推广	只能推广挂有商品的视频/直播间。只要是卖货，都不能投放DOU＋，可以用“小店随心推”
投放操作不同	只能选择想要的投放目标后，系统自动出价	短视频推广支持手动出价，商家可以出高价更快触达精准用户，也可以出低价控制投放成本，更加灵活
投放效果不同	提升内容热度，只能通过提升视频/直播间流量来间接提高带货效果	带来的流量精准度更高，可直接提升带货效果，巨量千川系统会提供分析，帮助商家决策更优质的投放策略

相对而言，抖音直播间的流量投放工具主要选择巨量千川，而且付费带来的流量可以撬动直播间的自然流量，一旦自然流量被撬动起来，哪怕后续离直播预期结束时间还有半个小时到一个小时的时间，关掉广告推广，流量依然会有比较大的余量。

5. 直播间快速引流涨粉的技巧

如何往直播间引流？如何快速涨粉？这是抖音博主们日思夜想的难题。边直播，边带货，边涨粉，在直播中涨粉。这更是博主们期望的理想状态。

但理想很丰满，现实很骨感，很多直播间都遇到过这样的问题：直播时人气挺高，观众也不少，但直播结束后，看数据复盘，却发现新增粉丝很少。

如何往直播间引流并留住粉丝、快速涨粉呢？

（1）开播前发布优质作品

开播前，在自媒体平台发布优质作品，不仅可以在作品中预告直播，还可以获得平台的流量支持。按照抖音的算法机制，每位用户在发布短视频作品时，都会推荐一部分流量。

只有当作品的数据优秀，才会再推荐给更多的人看，所以发布的作品一定要优质，争取获得更多流量，为直播间导流。

（2）多渠道宣传推广

在直播开始前一周左右，可以在自有平台和其他社交平台上提前宣传预热，以通知粉丝和吸引新的潜在用户来观看直播。

可在其他社交平台分享抖音直播时间和内容，包括微博、朋友圈、微信公众号、微信群、QQ群、社群等，尽可能地吸引观众进入直播间。如果直播是固定时间的，在各个自媒体主页的个人简介上添加直播时间，比如每晚8:00直播，也可以在发布的短视频内插入提醒“每晚8:00直播”，或者放在备注上。

在开播的时候可以将直播间生成二维码，分享给微信好友，或转发至朋友圈来为直播间引流。

（3）引导关注和营销

对于刚进入直播间的用户，记得引导他们点击直播间上方的头像关注自己。

每场直播，只要看到有人进入直播间，就要尽可能地点名欢迎进入直播间（直播间人气特别火爆时除外），或者在直播间用白板写上“喜欢我就关注我”。

每当粉丝关注自己，只要有时间，就要主动发送感谢关注的话术。比如：“××（粉丝名称），感谢关注，我是一个什么样的主播，直播时间是每天20～22点。”

这里的营销主要是指直播间福利方面，也就是抽奖环节和优惠券的发放。在直播开播的时候，以及在直播中，都要不定期地向直播间粉丝宣传福利，引导关注，话术如下：“感谢大家来到我的直播间，我给大家准备了抽奖活动，点击我的头像，点点关注，关注之后就可以参与抽奖了。”

（4）连麦PK

直播时同其他主播或直播间进行在线视频聊天或PK是非常不错的引流方式。主播连麦有的时候连麦双方彼此熟识，约定好连麦；有的时候，素不相识的主播也可以随机连麦，这样极有可能创造意外的直播效果。

（5）主动找话题、带节奏

粉丝没有问题、没话题，主播就自己创造话题，切忌冷场，要想方设法让用户能够参与其中，对于粉丝的问题要做到及时回复。

（6）找到共同点

共同点是和陌生人快速打开话匣的有力法宝，比如爱好、地理位置、生活习惯、影视剧、明星等都是直播中主播可以开启的常见开放式话题。

例如，某主播在直播间卖一款由明星代言的粉霜的时候，介绍产品的第一句话就是“王一博的粉丝在不在”，有共鸣的粉丝就会蜂拥而至，非常管用。

（7）主播要充满激情

主播带货时要做到激情四射，让粉丝受到正向情绪的感染，引导粉丝去关注、去下单。千万不要态度敷衍，情绪低落，抱着完成任务的心态进行直播，干巴巴地介绍产品，不和粉丝互动，不善于调节直播间气氛，这样粉丝必然没有参与感，直播间就会没人气，更谈不上直播涨粉了。

（8）品牌自播有助于涨粉

随着直播电商的发展，越来越多的企业和品牌开启了直播电商之路。

值得注意的是，品牌自播有利于沉淀品牌粉丝资产，帮助品牌在抖音形成长期稳定的营销阵地，达人带货则可以帮助品牌拓展更加广泛的用户群体，提高知名度和覆盖度。

（9）尽量固定主播人选，不要随意更换

直播间的核心是主播，主播就像我们熟悉的品牌logo，粉丝会因为熟悉了logo而有亲切感和信任感。所以尽量不要随意更换主播，否则容易导致粉丝流失。

6. 企业号快速吸粉引流的技巧

2021年7月27日，抖音巨量引擎发布的《抖音私域经营白皮书2021》（以下简称白皮书）显示，截至当月，抖音企业号总数量已达800万个，其中服装配饰、零售、餐饮服务、家居建材、生活服务、食品饮料、生活服务、汽车、快速消费品、文体娱乐分别位居前十大行业。

抖音企业号正在成为企业与用户交流的新平台。白皮书显示，每周有超过400万家企业接收到约1.5亿条用户私信咨询；每周有超过15万家企业通过私信或粉丝群，配合直播间运营提效；累计有超过125万家企业设置了私信“自动回复”功能，数十万家企业上线用户“自助菜单”，有超过65万家企业创建了粉丝群并持续活跃。

抖音平台已经成为各类企业线上营销的主阵地，运营抖音企业号最重要的是引流涨粉。企业号涨粉与个人号涨粉有共同之处，都需要优质内容的输出与沉淀，同时二者也有很大不同，入驻抖音平台的企业号，要勇于打破传统的刻板形象，迎合受众的需求，这样才能快速引流涨粉。

（1）打破刻板形象，避免硬广输出

企业号代表的是企业形象，在内容规划上不能像个人号一样随意，内容输出要以宣传为主，重在突出企业的产品和品牌形象，但要打破刻板形象，避免直接硬广输出，只有输出带有创意的、有关业务内容的、有参与感的短视频，才能撬动流量和粉丝关注。

例如，海底捞火锅的抖音官方账号就围绕海底捞的隐藏吃法（如图7-4所示）、100块吃垮海底捞等话题推出了很多创意视频，不仅视频本身很有吸引力，打造了很多爆款，而且话题本身抓住了用户的猎奇心理，吸引很多大V参与进来发布创作同类话题的视频，进一步引爆了传播（如图7-5所示）。

图 7-4 “海底捞火锅”发布的海底捞的隐藏吃法

图 7-5 其他用户发布的海底捞的隐藏吃法

（2）内容直击消费者需求

企业号的内容输出要同目标消费人群的需求结合起来，只有针对消费者的需求点来制作、输出内容，才能带来兴趣和关注。

“云华卫浴官方旗舰店”自2020年7月10日发布第一条短视频后，短短一个多月的时间即涨粉超过20万，截至2023年4月6日，该账号已拥有158.8

万粉丝（如图7-6所示）。

作为一家非知名卫浴企业的企业号，“云华卫浴官方旗舰店”能在短短两年多的时间涨粉100多万，同其账号定位是分不开的。该企业号发布的内容主要是为用户科普一些日常的卫浴产品使用小知识、小技巧，结合消费者的需求和日常生活场景中的一些痛点，并配合直播，经过不断深耕、重复，进行“洗脑式”的宣传，不仅涨粉量可观，而且在直播间和抖店实现了较好的转化与变现。

图 7-6 “云华卫浴官方旗舰店”抖音账号主页

（3）流量明星效应

和流量型明星展开代言合作是企业号最有效的引流涨粉手段，也是最直接的传播方式之一。如迪丽热巴、Angelababy之类的明星在抖音上动辄拥有数千万的粉丝，品牌方选择与他们合作，借助他们的明星效应，针对他们制作大批视频，与粉丝互动，能够实现短时间集中爆发，引爆流量和关注。

例如，2018年初，阿迪达斯旗下面向年轻人的品牌adidas neo入驻抖音，签约了郑恺等流量型明星（如图7-7所示），短短一个多月内，吸引了超100万的粉丝关注，视频总播放量达1.5亿。

利用明星可以快速引流涨粉，但缺点是费用高昂，一般普通中小企业难以承受。

（4）植入创意广告

企业硬性广告最大的问题在于内容不够有趣。在视频中植入创意广告既能保证用户看了不反感，也能做到广告即内容的效果，让广告本身降低违和感，但对内容制作者的能力要求较高。

比如，江小白的一个视频是“他们非要我喝西瓜汁的时候酷一点”，把西瓜本身作为容器，把果肉捣碎变成果汁，加入冰块和江小白，插上水龙头。

图 7-7 adidas neo 发布的郑恺短视频

（5）矩阵号互推涨粉

通常是两个企业号或同一集团下不同品牌的多个企业矩阵号之间进行互推。在企业号中，矩阵做得最成功的案例是小米。小米仅在抖音就拥有多个账户，分别是“小米官方旗舰店”（948.2万粉丝）、“小米公司”（266.9万粉丝）、“小米手机”（325.2万粉丝）、“小米之家”（71.4万粉丝）、“小米有品”（147.4万粉丝）、“小米智能生态”（88.2万粉丝）（以上粉丝数量截至2023年3月），不同账户基于不同的人设输出不同的内容，且能实现互推和导流。

互推的涨粉方式不仅仅限于已有粉丝基础的大号使用，粉丝数量很少的新号也可以通过互推的方式涨粉。

除了企业号之间的互推，达人推广也是互推的类型之一。例如抖音大V推广，往往有强大的消费引导能力，这种互推式见效快、效果好，但价格较高。

（6）打造品牌人设

打造品牌人设的目的是以品牌人格化来聚集用户群体和增加粉丝黏性，从而实现引流涨粉。想要打造一个有吸粉能力的蓝V账号，就要考虑为账号打造专属人设，走固定的风格路线。

支付宝负责运营抖音的小伙伴不仅擅长幽默自黑，更擅长黑身边的同事，在其发布的花呗宣传广告后面，网友纷纷在评论区中留言："你是不是想笑死我，然后继承我的花呗？"

支付宝抖音账号的签名档为"就是你们熟悉的那个支付宝"，它呈现在粉丝面前的是一个很搞笑的支付宝小编形象，其形象不亚于各种搞笑类账号的形象，很接地气，让粉丝不会产生隔阂和距离感。

第八章

直播带货：抖音直播间的人、货、场重构

在传统销售模式下，一个销售员对应一个顾客，即便是再会推销，一个销售员最多服务几百个顾客。但在抖音直播间，一个主播服务的顾客没有上限，可以极大地提高销售效率和销售业绩。

直播电商是抖音平台最主要的变现渠道。直播带货是抖音达人、商家和品牌进行流量变现的放大器。

1. 权限：如何开通直播带货权限

直播带货，顾名思义，就是通过网络直播的方式，把所要销售的产品推荐给受众，吸引受众产生购买行为。

在传统销售模式下，一个销售员对应一个顾客，即便是再会推销，一个销售员最多服务几百个顾客。但在抖音直播间，一个主播服务的顾客没有上限，可以极大地提高销售效率和销售业绩。

2018年6月，抖音开始挑选100个账号内测直播电商功能，正式拉开了抖音直播电商的帷幕。当年“双11”期间，抖音直播带货成交额已突破2亿元。

抖音电商GMV增速迅猛：2019年，抖音电商GMV仅有100亿元，而2020年，抖音电商已经完成了5000亿元的GMV。

2021年，抖音并没有公布官方数据，但广发证券、国金证券、华创证券的估算数据为7000亿～8800亿元。

2022年上半年，抖音电商核心指标均实现大幅增长，销售额和销量同比增长均超140%，小店商品数更是突破了1亿件大关，带货直播场次突破5000万场，带货达人高达300万人，抖音小店数量超过100万家，年销破1亿元的商品已有175个。

抖音电商已经成为新品上新、爆品打造的优选平台。开启直播带货也成了众多抖音账号运营者和品牌最热衷的变现模式。

（1）开通直播带货权限

首先，我们要清楚直播权限和直播带货权限是不同的，二者属于递进关系。直播权限开通的门槛很低，没有粉丝要求，只需要将抖音账户进行实名认证，可以零粉丝开通，就算没有粉丝也能进行直播。

而开通抖音直播带货权限的条件如下：

第一，已经成功开通商品分享功能。

开通商品分享功能需要同时满足粉丝≥1000、实名认证、发布10个以上非隐藏视频这三个条件。

第二，抖音账号粉丝数≥1000。

其实抖音直播带货门槛和视频购物车门槛一致，只要开通了商品分享功能，也就是商品橱窗，就能直接开通直播购物车功能。

如果某抖音账号当天的粉丝数刚好超过1000，则商品分享功能于第二天才会生效。

需要注意的是，开通直播带货权限后，如果超过30天未进行任何视频带货+直播带货的话，平台将收回商品分享功能，所以开通的小伙伴一定要定期开播，或做视频带货。

（2）开通商品橱窗权限

开通抖音商品橱窗需要满足以下条件：

第一，账号需实名认证。

第二，个人主页视频数（公开且审核通过）≥10条。

第三，账号粉丝量≥1000。

开通商品橱窗后，主播不仅拥有个人主页的商品橱窗功能，还拥有在视频和直播中添加并分享商品的权利。也就是说，开通抖音商品橱窗后，就能获得视频购物车和抖音直播带货的权限。

（3）入驻抖音小店

2019年，抖音开通了抖音小店功能。抖音小店与淘宝店铺类似，想卖货的个人或企业需要上传营业执照、选择经营类目、上架商品，再通过短视频或直播来宣传商品，促成交易。这样整个消费闭环完全落在抖音体系内，而无须跳转至淘宝等第三方平台。

抖音小店入驻流程如下：

第一步，账号注册与登录。

使用电脑访问抖店官网，可以选择头条账号、抖音账号、火山账号中的任意一种渠道账号进行注册或登录（如图8-1所示）。

图 8-1　登录抖店

需要注意以下三个方面。

一是注册成功后，登录方式将无法自助修改，所以要尽可能选择最稳妥的方式保管登录账号。

二是渠道App上的账号仅用于注册和登录使用，至于小店店铺与渠道号的关联，则需要小店店铺营业后，到店铺的渠道绑定中进行绑定。

三是不要随意注销渠道App上的账号，因为注销后，将无法再登录小店。

第二步，填写资质信息。

登录后提交营业执照、法人/经营者身份证明、店铺logo等。开店主体有两种，即企业和个体。企业店铺类型有专卖、专营、旗舰店、官方旗舰店四种，个体店铺只有个体一种。

第三步，平台审核。

平台资质审核一般为1～3个工作日。

第四步，账户验证。

平台对“对私银行卡号＋银行预留手机号或对公账户”进行打款验证。

第五步，缴纳保证金。

不同类目、不同主体的抖音小店，保证金各不相同，具体见官网提示。经营多类目时，仅按最高金额收取，不叠加，缴纳完成后即可成功开店，正常营业。

2. 团队：直播团队的搭建与人员分工

“刚转型做直播带货，我一个人可以做吗？”

“准备组建一个直播团队，需要几个人？怎么给他们定薪资？”

新手在做直播带货时，往往都会遇到上述问题，甚至有人看直播带货赚钱，就打算自己一个人先干着，等挣钱了再扩充团队。

一个人能不能做直播带货？理论上是可行的，但是实践起来难度太大。除非你能一个人找货源、找产品，一个人买设备、搭建直播间，一个人对着镜头自言自语，忍受空荡荡的直播间，甚至一个人拍视频、一个人剪辑、一个人发货、一个人做售后。

事实上，即使是小规模的新手直播团队，成员至少也要有3个人，包括主播、副播和场控。主播负责把控全场节奏，副播负责补充，场控负责后勤。

而一些头部直播团队、品牌方直播团队的规模之大可以媲美中大型企业。例如，截至2022年6月，“东方甄选”的团队规模也已经突破200人。

一个主播无论多么优秀、多么全能，都绝不可能具备完成带货工作需要的所有环节、技术与经验，而唯有借助直播团队的力量，通过团队合作，各司其职，才能把直播带货推向高潮。

直播带货最讲究“人、货、场”，其中“人”不单单是指镜头前面的主播，更是指镜头背后的整个直播团队，一个完整的直播团队人员配置通常包括以下岗位（见表8-1）：

表8-1 直播团队岗位配置

岗位	岗位描述及职责
主播	主播相当于主持人，是直播间的核心人物。主播的职责主要如下： 第一，负责通过直播向粉丝提供产品信息并引导客户购买，在直播期间调动粉丝的情绪，确保直播间的热度。 第二，主播在开播前要把整场直播的节奏、产品特性、脚本、利益点等做到最大限度的熟悉，只有这样，在开播之后对产品的介绍才能达到相对流畅的水平，个人转化能力才能得以提升。 第三，在直播进行的过程中，主播需要去注意活跃直播间的气氛，做好粉丝的答疑、和粉丝之间的互动，做好活动介绍以及测品（试穿），去引导新粉关注，时刻注意自己在镜头前的表现。 第四，主播还需要掌握一定的销售技巧，要敢于促单、善于促单
副播	副播，也称助理主播，主要辅助主播进行直播。副播也可以是商家（品牌方）老板，常见的某某专场一般会邀请商家的负责人来直播间进行配合，讲解一些产品的专业知识，和主播一起进行直播。副播的职责主要如下： 第一，辅助主播，随时关注直播间的各种情况，对主播遗漏的商品卖点和事项及时进行提醒或补充。当主播不知道讲什么、冷场的时候，可以帮腔搭话、制造氛围。 第二，当主播起身离开换装、休息时，要及时出现在镜头前，临时扮演起主播的角色，维持直播间的活跃度，推动直播活动正常进行。 第三，配合主播带动直播间气氛，介绍商品促销活动，引导访客关注。 第四，了解商品销售数据，提醒主播，并进行必要的画外音互动
助理	负责处理直播间内各种琐事，比如传递接下来售卖的商品，准备直播过程中需要的道具、优惠卡片、手稿，给主播提示等。多数时候扮演的是副播的角色，小的直播间一般不需要助理
化妆师	大型直播间通常还要配备专职化妆师，配合主播工作，按照直播间需求，为主播或其他直播间的工作人员提供化妆服务
场控	场控，即直播间现场控制的意思，用来辅助主播监控直播间言论，处理突发事件，扮演的是直播间管理员的身份，其职责主要如下： 第一，在主播进行直播期间，积极调动直播间氛围，带动粉丝积极性，以配合主播的节奏，引导粉丝参与话题讨论，引导的话题必须是积极的、正向的，有助于商品销售，要随时防止舆情失控，防止直播“翻车”。 第二，实时监控直播间发言，及时发现不和谐的声音和对主播、商品的不良言论，并及时予以制止，避免不良影响进一步蔓延。 第三，在直播现场，配合主播进行商品上链接、商品改价、库存核对、活动优惠设置、小店后台设置等工作。 第四，进行直播复盘，及时发现直播中存在的问题，并予以改进，优化直播流程，丰富直播内容

续表

岗位	岗位描述及职责
商务	如果是达人端，商务主要负责对接供应链、联系商家合作，根据选品团队挑选出来的类目、产品，想办法拿到优质且高佣金的商品。比如，跟进样品和赠品进度、优惠形式、优惠链接、商品库存等具体执行事务。同时把控产品质量（杜绝假货伪劣产品），建立起优质的供应链。 如果是大主播，会有不少商家主动找上门合作，有较大的议价能力，只需要负责筛品、把控质量。 如果是小主播，则需要想办法多渠道联系商家，宣传自己的团队、直播案例（数据），建立品牌合作。 如果是商家端（供应链），商务主要是负责对接达人，推进直播的各种事项。如果你是大品牌，商品有知名度且品控很好，只需要把商品加入精选联盟，设置一定的佣金比例，就会有很多人愿意主动帮你带货
运营	直播运营的角色非常重要，相当于导演的角色，做的是统筹型的工作，可以说是直播间的负责人。职责主要如下： 第一，负责整场直播的运营，包括直播玩法设计（活动策划、利益点、营销点、秒杀等）。 第二，负责产品的组合销售、直播商品排款、直播的流程与脚本、主播的问题调整、直播场控等工作。 第三，负责广告投放相关工作。 第四，下播之后做直播复盘等
选品	主要负责产品筛选，比如什么品好卖，容易爆单，全网商品调研、比价，完成产品信息采集。帮助主播把关商品质量、预判热度，选出能够打动消费者的产品。这个岗位需要很强的专业知识，类似传统行业的采购岗
中控运营	在直播过程中负责操作直播数据和调控后台，用平台控制直播，比如直播商品管理、上架、下架、调整库存、添加讲解商品、改价、直播间实时数据查看、设置优惠券、成交详情、订单明细等操作。 一般大型、品牌商家的直播间才需要中控运营，中小型直播间一般由直播运营操作
数据运营	数据运营主要负责商业广告投放（DOU+、Feed流、巨量千川等），也称为投手。负责分析每场直播的数据统计，分析数据并给出直播间优化建议。一般大型、品牌商家的直播间才需要这个岗位，中小型直播间一般由直播运营操作
内容运营	内容运营主要负责直播账号的运营，如账号日常内容更新、直播预热视频推送、直播间切片视频等，目的是进行账号运营、粉丝运营、数据分析，并通过短视频给直播间引流
导播	导播主要负责直播前直播间设备调试，需要熟悉直播流程、摄像机和灯光的布局，以及现场各机位的调度，保障直播过程中视频信号的稳定，监控播出设备的状态，直播产生突发状况时组织应急，确保安全播出

续表

岗位	岗位描述及职责
客服	客服主要负责直播过程中线上商品咨询、售后服务的工作。其职责主要如下： 第一，了解商品信息，熟悉客户需求，掌握一定的沟通技巧和客服知识，能够向客户详细介绍商品的优点和卖点。 第二，及时、高效、热情、耐心地回答买家提出的各种问题，不可拒答，不可有抵触情绪。 第三，及时准确地备注商品，第一时间反馈给打单发货人员，防止货品错发、漏发。 第四，积极跟进售后问题，对订单发货情况、物流情况进行追踪，并做好统计。 第五，高效妥善处理各种售后问题，包括退换货及客户的投诉等。 第六，进行定期、不定期的客户回访活动，维持良好的客户关系

不同规模的直播间可根据需要，酌情增减团队成员配置。例如，对于小型直播间，一名主播 + 一名运营兼场控，两个人就能完成一场直播带货。而对于超级品牌、超级头部主播的直播而言，以上岗位仅仅配齐可能还不够，某些岗位可能需要配置两名甚至更多人员，才能满足直播需要。

总之，不同的主播、不同规模的直播间、不同的直播玩法对团队成员配置的要求也不同。

3. 选品：根据账号定位及粉丝画像选择

直播带货的本质是电商，电商的本质是供应链，供应链的一项重要工作是选品。在抖音直播带货中，对品类进行切割是一个比较重要的环节，也就是选择需要带货的产品。

带货能否成功，选品是关键。如果选品不当，直播间成交额很难做起来，即使直播间人气很高，也可能出现低转化甚至零转化的情况；相反，如果选对了产品，即使是一些零基础起播的新手直播间，也能销量爆棚。

产品选得不对，再好的主播、再好的流量都是浪费。看过李佳琦、罗永浩等头部带货大咖直播的小伙伴都清楚，他们带货的产品种类是非常多的。比如李佳琦，虽然是卖美妆产品出圈的，但其实他也会卖零食、家居用品等。像这种大咖本身就积累了大量的粉丝群体，知名度高，无论带什么货，都会有一些粉丝买账。

中小型的直播团队或是新手主播由于不具备足够大的影响力和强大的粉丝基础，也缺乏自建品牌和自建供应链的能力，在选品上就需要更加用心和谨慎。

（1）带货选品的两种模式

适合直播带货的货源可以分为两种：代销、自备。

第一，代销。

所谓代销，就是帮别人销售，即主播在直播间售出产品就可获得一定佣金。比如，去淘宝联盟搜索有佣金的宝贝，卖家向你寄样品，双方签好协议，售出即可有佣金，有点类似淘宝客。代销模式不用实际进货，但仍然需要寻找货源。

第二，自备。

所谓自备，就是自己去市场找货源，找到适合自己卖的就是最好的。货源可以分为市场货和品牌货，市场货相对门槛较低，但竞争力也有限。一般直播方会去尾货市场寻找品牌折扣产品，不过品牌折扣服装批发的量很大，要占用大量资金。

（2）直播选品的基本维度

直播选品的基本维度包括以下几个：

第一，账号维度。

主播账号的内容垂直度。如果主播是内容垂直达人，可以先做与账号定位相关的垂直领域产品，熟练之后，再去拓展其他类目的产品。

如果主播是非专业领域的泛娱乐达人，可以先选择达人擅长或喜欢的类目来匹配直播间推荐的产品；如果主播是无明显电商属性的达人，可依照粉丝画像选品。如果女粉多，可以选择美妆、服饰、居家用品、美食。例如，“@河南你华哥李妈妈”，平时输出搞笑家庭生活短视频，女粉较多，他们直播带货就是以美妆产品为主。

第二，产品维度。

产品是基础。产品的考察维度主要有品牌、价格、成分、功能、颜值、包装、供应链等要素，要综合以上要素，选择契合自己直播间的产品。

如果带的是第三方店铺（淘宝店、京东店、抖音小店、快手小店等）的货，则要综合考察店铺的综合评分、装修美观度、发货时效、店铺服务质量、售后评价等。

从产品维度出发，选品要尽可能选刚需产品、当季产品、利润大的产品、复购率高的产品、爆款产品和热门产品。

第三，利润维度。

对于直播间来说，产品销量是基础，利润是根本，如果没有足够的利润支撑，直播带货便将难以为继。在当今高流量成本、高运营成本的直播电商市场环境下，进入直播间的产品必须是高毛利的产品，要有合理的利润空间。

因此，选品时要进行三维分析——不仅卖得好、卖的时间长，还得有利润。

首先，要找出销售数据中卖得好的产品（一维分析）。

其次，要确保它们在未来一段时间也会持续畅销，所以要考虑库存因素（二维分析）。

最后，产品仅仅销量高还不够，能盈利才是最重要的，所以还要结合利润率来评估产品（三维分析）。

第四，市场维度。

产品要想适销对路，必须做好市场调研和消费者研究。

首先，要根据用户需求确定选品的细节。直播间选品要以粉丝画像、粉丝需求为导向。

透过粉丝画像找到与之高度契合的商品，要弄明白——

你的产品打算卖给谁?

买你产品的人有什么特点?

你的产品能解决哪些人的痛点?

需要你产品的人在哪里?

你的目标客户经济实力如何?

你通过什么方式吸引他们?

通过分析粉丝画像，了解粉丝是什么样的群体，在回答以上问题的同时，还原粉丝的购买需要和消费心理，这样才能精准地为粉丝提供他们需要的产品。

其次，要进行市场调研。市场调研的方法有很多，主要有和同行业的人面谈、做群体调研问卷、网络调查等。网络调查，可以去淘宝、京东等电商平台寻找同类产品，浏览价格、成交量、评价等信息，进行综合分析、评估。

最后，要查看市场数据。直播团队常用的专业数据平台有“新抖数据”“飞瓜数据”等。直播团队在选品环节，要注意查看的数据是具体商品的“直播转化率”，即了解商品销量和商品关联直播访问量的对比。这个数据能够帮助直播团队判断目标商品的市场需求有多大。

第五，供应维度。

选品时还要充分考虑供应链（工厂、批发市场）因素，要确保产品缺货后能够及时补充，出现新款产品后，能够及时生产、及时上新。

服饰类产品需要充分考虑产品的上新和更新周期，包括产品款式的更新、换季的产品更新都需要考虑到。

另外，选品要注意品类的更新与升级。任何一款商品都是有生命周期的，尤其服饰类产品，生命周期十分短。在直播间，今天的爆款商品，明天或许会被市场淘汰；今天发现的新品，明天或许会被其他直播间跟风销售。对于直播团队来说，爆款商品被淘汰、被跟风销售是无法避免的。因此，直播团队在获得用户支持之后，要及时地进行品类升级。

4. 筹备：脚本设计与直播硬件准备

直播带货三要素“人（主播、团队）、货（产品）、场（直播场景）”，除了“人”和“货”，“场”也很关键，直播间的搭建以及直播设备的合理配备，对直播间的观感和直播效果有着至关重要的影响。

一场成功的带货直播需要直播团队做很多细微的临场准备工作，比如布置直播间、检查网络和相关设备的稳定性、主播熟悉产品及脚本、准备好待播产品等。所有直播间用到的东西都要提前准备好、布置好，千万不要等到直播开始，还在手忙脚乱地找东西，这样不仅会打乱直播节奏，而且容易给粉丝留下不专业的印象。

（1）准备脚本

直播脚本，简单来讲，可以理解为直播带货的剧本。直播脚本分为两大类：一类是单品脚本，另一类是整场脚本。

第一，单品脚本。

单品脚本，即关于直播间单个待销产品的脚本。单品脚本通常包括商品的基本特征、出品方、卖点、利益点和优惠折扣方式等。

单品脚本要让主播能够在短时间内简单直接地向直播间用户描述清楚产品的基本情况和卖点，说服用户下单购买。

建议单品脚本以表格的形式呈现，这样能把产品的卖点和利益点非常清晰地体现在表格上（见表8-2）。

表8-2 单品脚本

单品脚本	
产品介绍	品牌、型号、成分、功效等
利益点	折扣价、最低价、买一送一、买二发三、包邮
引导转化	限时限量
	对自己好一些
直播间关注点	关注主播、关注店铺
	分享直播间
	点赞
	下单

第二，整场脚本。

整场脚本贯穿直播带货活动的全过程，是直播活动的一个总体规划和安排。其内容主要包括以下几个方面：

①开场互动。

直播开启后，主播首先要同直播间粉丝打招呼，进行初步的互动，需要借助开场互动脚本。

②货品介绍。

对直播间货品情况进行一个大致的介绍，如产品类型、数量、优惠措施等，吸引粉丝持续观看直播。

③单品介绍。

逐个介绍商品，描述商品的卖点和特色，爆品和特色商品要穿插在各个商品之间，重量级的商品往往放在最后介绍。

④激励环节。

通过抽奖、赠品、红包等福利方式回馈直播间粉丝。

⑤直播预告。

在直播即将结束时，给出下一场直播的预告信息。

以一场时长为4小时的直播带货为例，整场脚本流程应涵盖如下内容（见表8-3）：

表8–3 直播流程

时间节点	直播内容
开播第1分钟	迅速进入直播状态，主播同粉丝打招呼，签到环节
第2～5分钟	主播边互动，边着重介绍本场直播的几个爆款产品，建议粉丝签到打卡参与抽奖
第6～10分钟	简要介绍本场直播的新款产品和主推款
第11～30分钟	将所有进入直播间的产品简要过一遍，除了重点爆款可以稍做重点推荐外，其他产品不做过多停留。该过程要严格按照脚本走，主播不要看粉丝留言，也不要跟着粉丝的节奏走
开播半小时后	正式逐个介绍产品，每个产品大致进行5分钟，适当地根据粉丝呼声和需求进行重点讲解
直播中	根据直播间在线人数和商品的转化销售数据，引导主播进行重点演绎的调整
最后半小时	对最受欢迎的产品进行返场讲解，对热门产品进行清零
最后5分钟	主播透露下一场直播的主打产品，助理主播可穿插回答粉丝问题
最后1分钟	提醒直播间观众关注主播，预告下一场直播的详细时间以及粉丝福利等信息

直播脚本不是一成不变的，它需要经过不断的实战演练，经过不断的复盘分析，进行持续的优化调整，才能让主播越来越得心应手。

（2）直播间布置

直播间布置主要是指准备直播场地、灯光布置、机位布置等工作。

第一，准备直播场地。

直播场地是直播活动最底层的基础设施，必不可少，最好选择一个宽敞明亮、安静无杂音、有浅色背景墙的场所作为直播间，以确保观众看到的镜头是清晰的，且不受杂音干扰。

如果是品牌产品或专场产品直播，通常还需要在直播间制作专门的背景墙，以突出主题、强化品牌，让进入直播间的观众对产品信息一目了然。

第二，灯光布置。

将前期准备的相应灯光设施合理地布置在直播间各处，以确保直播间的照明、采光，将直播间和主播以最佳状态呈现在观众面前。有条件的主播团队可以请专业灯光师进行灯光布置的指导，以达到最佳的灯光效果。

第三，机位布置。

机位即直播手机的摆放位置，既要考虑方便主播工作，使其能够舒适、方便地看到手机屏幕上的留言，以确保及时和粉丝互动，又要考虑观众的观看需求，不要让观众产生距离感。另外，还要结合直播间出镜人数来设置机位，建议直播间同时出镜人数不超过3人，以2人为最佳，否则会显得拥挤，影响观看效果。

第四，背景墙布置。

不同类型的带货主播，直播间的背景风格是不一样的。

服饰产品直播可以将直播间布置成服装店、批发档口、工厂仓库的样子，摆上几排挂满衣服的衣架，主播站在镜头前面直播。

也可以直接放置一块背景板屏幕，根据带货产品的不同，随时切换画面，就像罗永浩的直播间一样。

第五，准备BGM（背景音乐）。

BGM是直播间必不可少的元素，要提前准备一些适合直播间各种情景播放的BGM，比如唱歌时的伴奏、鼓掌/欢呼等音效包、跟人PK时紧张刺激的背景音乐、 跟大家放松聊天时的背景音乐等。主播团队应了解当下的流行音乐和歌曲，提前准备好BGM素材库。

（3）主播准备

主播是整场直播的焦点和直播间的核心，需要做大量的准备工作。

第一，熟悉脚本。

主播在直播前要熟悉直播脚本，要对每一个环节要干什么做到心中有数，这样主播在直播的时候才能按脚本有条不紊地推进，才能言之有物，避免冷场。同时，直播团队的其他成员如副播、助理、场控等人员也应熟悉直播脚本，尤其涉及本人职责的部分。

第二，熟悉产品。

带货主播乃至主播团队在开播前最重要的工作就是了解产品信息，进行产品试用，这样在正式直播的时候才能做到有理有据地展示所有的产品卖点，增加信任度。有很多带货翻车的主播都是因为没有提前做好产品功课，导致品牌方、平台方、主播、观众四方受损，得不偿失。

第三，主播化妆。

开播前一个小时，主播根据设定的人设开始化妆，化好后，看看摄像头里的效果再补妆。主播的造型和妆容要多样化，以提升直播间观感。

第四，确定团队分工。

确定好直播团队人员及分工，包括主播、副播、助理、场控、中控、客服、运营等，对于每个人负责哪一个部分，要提前做好安排与准备工作。

5. 实战：直播间互动及转化的技巧

直播开始后，要按排品顺序陆续上架产品，排品的基本策略为：首先上福利款，然后上承接款（爆款），接着上利润款。

具体操作如下：直播前15分钟，可以先上两款低价福利款，吸引人气，待流量上升后，中间用爆款去承接流量、稳定流量，最后直播间进一步稳定时，可以上利润款。

如果直播间产品比较多，可以按“低—中—高（福利款—承接款/爆款—利润款）”的顺序进行循环。

在遵循以上排品顺序的基础上，直播实战可按以下环节推进。

（1）巧妙开场

直播活动开始后，主播要用极简语言简明扼要地做一下自我介绍，介绍要包含以下四个方面的信息：

第一，我是谁？

第二，我要干什么？

什么主题的直播活动？直播间有哪些商品？有什么特色？

第三，直播间有什么优惠、福利？粉丝能得到什么好处？

第四，销售引导与参与指令。

按照以上自我介绍逻辑，可以这样开场：

“欢迎新进来的姐妹们，我是一名××主播，深耕××行业十余年了，有丰富的资源和专业度，所有的产品我都会自己试用且产品过关后再推荐给大家，请大家放心。（我是谁）

“今天直播给大家准备了十几个福利款产品，非常适合大家选购。（要

干什么）

“来，第一个直接看这款××啊，我拿货价是30多，今天你给我邮费，我直接发货好不好？（给什么福利）

“直播间小心心点到5万的话，我们上这款产品好不好？（活动指令）

“这款产品性价比非常高，外面89、99一盒的产品都比不上这一款，现在你只需要出邮费哦。（强调福利）

“有没有支持我们家活动的宝宝，‘支持’两个字打出来好不好？支持都没有亮灯牌吗？来，小助理教一下怎么亮灯牌！（活动指令和引导）”

这就是一个比较直接且目标非常明确的直播带货开场白话术。

由于直播间不断有新的观众进入，因此主播要酌情不断地重复开场白，重复时要尽可能精简，尽量压缩至30秒以内，以快节奏的语速告知新观众本场直播的主题和优惠。

（2）积极互动

成功的开场将直播导入正规之后，主播需要不断地同直播间粉丝进行互动，互动越频繁，人气越高，而人气越高，推荐越多。互动性越强，停留时间越长，而停留时间越长，成交机会越多。

直播间互动可以分为以下两种：

第一，同产品相关内容的互动。

比如粉丝关心的产品的颜色、尺码、适合人群、发货时间等。此类互动需要主播做到耐心＋细心。因为进入直播间的人群是随机的，而且有人进，有人出，主播可能回答了前面粉丝的问题，但后面进来的粉丝对同样的问题仍然不清楚，所以好的主播需要保持良好的耐心，不但要不厌其烦地为粉丝解答同样的问题，还要持续保持热情。

第二，带动氛围的互动。

比如，“喜欢的在屏幕上扣1”，这样粉丝评论就刷起来了，给人感觉直播间气氛很火爆。

常见的直播间互动话术如下：

“喜欢这款产品的宝宝请扣1，让我看到你们的热情，热情越高，我给的秒杀价越低！”

“想看××号产品的刷1，想看××号产品的刷2。”

“喜欢左手这一套衣服的刷1，喜欢右手这一套的刷2。”

“××的粉丝在不在？在的评论区刷3！”

“感谢××哥送的100个掌声，还没停吗？150个了，200个了，哇，炫迈牌的掌声完全停不下来！非常感谢。”

“宝宝们，如果你们想要这款产品，把‘新粉’两个字打在公屏上面，没加入粉丝团的宝宝们没有参与资格哦。”

“宝宝们，你们想不想要这款产品？想要这款产品的话，把‘想要’两个字打在公屏上面啊，我们现在开始计算有几个宝宝想要，我们就给到大家几个产品名额。”

（3）控制节奏

直播节奏由场控负责。场控在直播中的职责和繁忙程度不亚于主播，要通过各种方式来调节、掌控直播节奏。要做好场控工作，场控人员需要在直播前确认好直播流程，如什么时候抽奖、什么时候开款等，可提前准备一张小纸条，或准备好电脑来提示。

场控还需要了解直播间的产品，不仅要熟悉推广产品的成分、参数、功效等文字介绍，更要懂实际操作，关键时刻可以同主播实现互补，避免出现冷场。

场控在直播间要处于一种隐身、半隐身状态，要发挥自己的控场作用，同时尽量不要浮出水面，更不要喧宾夺主，盖过主播和粉丝的风头。切忌盲目站队、盲目跟风，一定要突出主播和粉丝，不抢话题，及时提醒主播参与同粉丝的互动。

场控不仅要突出主播，还要做好粉丝的陪伴工作，在气氛调节中也要突出粉丝存在，陪伴粉丝互动。对于高质量的粉丝团，要做到进场欢迎，离场欢送，提醒主播，及时互动，并且适时地给粉丝送一些热场礼物，要衬托粉丝，弱化自己的存在感，包括弱化自己在房间的存在感以及榜单的存在感。

（4）催单促单

主播及团队成员在直播间所做的一切工作、一切活动最终都只有一个目的——转化下单。

因此，等直播间情绪、氛围烘托到一定程度时，主播就要善于踢出临门一脚，巧妙地进行催单促单，促进成交转化。

第一，催单促单的两大关键点。

主播催单促单要把控好以下两个关键点：

一是吊足粉丝胃口，找准时机宣布价格，让他们觉得“物超所值”。

二是强调促销政策，包括限时折扣、现金返还、随机免单、抽奖免单等，让粉丝的热情达到高潮，催促粉丝集中下单。

第二，用限时限量秒杀促单。

主播要善于通过限时限量秒杀活动来制造商品的稀缺性，越是稀缺的东西，人们往往越是趋之若鹜。要让直播间的粉丝明白，如果不抓紧时间下单购买，特价促销的产品很快就会断货、下架，就会错过，遭受损失。

话术参考如下：

①“我接下来要介绍的产品，大家要拼手速抢了。这款产品的优惠力度超级大，品牌方只准备了100套在直播间销售，并且每人限购一套。谁的手速够快，谁就能抢到。这款产品的优惠是……”

②“数量有限，如果你看中了，一定要及时下单哦，马上就要卖完了！”

③“先付先得，最后1分钟！想要的宝宝不要犹豫了，活动马上结束了！”

④主播：“咱们1号链接的产品还有多少件？”（问助手）

助手："就还剩10件了！"（声音要急促、音量大）

主播："就剩下最后10件了，要下单的朋友们抓紧喽！"

第三，常用催单促单话术。

抛出限时限量抢购活动后，主播还应充分发挥话术优势，不断强调产品的性价比优势，不断强调所剩数量不多，刺激观众，发出购买行动指令，以此来激发他们的下单欲望。类似的催单话术主要如下：

①"需要的朋友们抓紧时间下单了，现在不下单，以后就再也买不到这么便宜的货了，这款产品就销售这一场，现在不买，就只能等明年了！"

②"这一款产品真的数量有限了，只剩最后××件了，都是品牌下属工厂直发，卖完就下架！"

③"不用再想了，需要的直接拍，现在是拼手速的时刻，手慢真的抢不到了！"

④"今天的秒杀数量非常有限，仅限50件，往后价格只会越来越高！"

⑤"这个价格，这种质量，只有在这个直播间才可以享受到，因为产量有限！"

⑥"数量有限，如果你看中了，一定要及时下单哦，马上就要卖完了！"

⑦"直播间的朋友们，先付先得，请下单的朋友尽快付款，最后两分钟！最后两分钟了！"

（5）下播环节

直播即将结束，顺利达成直播间销售目标后，主播要准备一些下播话术，感谢粉丝陪伴，同时对下期直播进行预告。话术模板如下：

①"感谢××位在线粉丝陪到我下播，更感谢从开播一直陪我到下播的粉丝××、××（榜单上的，点名就行），陪伴是最长情的告白，你们的爱意，我记在心里了。"

②"我马上就要下播了，希望大家睡个好觉，做个好梦，明天新的一天

好好工作，我们下次见，喜欢看我直播的朋友记得点关注哦。”

③“主播还有5分钟就下播了，非常感谢大家的陪伴，今天和大家度过了非常愉快的时光，主播最后给大家抽个奖好不好？大家记得关注我，下次开播就会收到自动提醒信息，我会想念大家的。”

6. 复盘：直播复盘的四大基本维度

直播带货活动结束后，最重要的一件事情是什么？是复盘。直播复盘的目的是总结成功经验，吸取失败教训，是找出问题→分析问题→解决问题→指引方向，如此，在接下来的直播带货中才能少走弯路。

现实中有80%以上的主播根本不会去做复盘，或者不会做复盘，有70%以上的主播不会看直播数据。要知道，就连一些头部大主播在每场下播后都会复盘到深夜，没有复盘，就不会知道直播的问题出在哪里，更不知道怎么去优化，带着一堆问题接着播下一场，这样的直播间怎么会有精进和提升呢？

直播复盘有四个维度。

（1）人员复盘

人员复盘，即对参与直播的所有工作人员的表现进行复盘。直播带货过程是团队所有成员配合的过程，因此，直播复盘需要清晰地了解直播过程中每个人的工作是否执行到位（见表8-4）。

表8-4　人员复盘

岗位	复盘重点	关注细节	表现打分（1～10分）
主播	直播状态	直播过程中的话术、产品讲解、控场情况等	××分
场控	直播效果	直播中的实时目标关注、突发事件预警能力、直播间整体视觉效果，以及流程安排、拍品等	××分
运营	投放效果	预热视频的准备和发布，巨量千川的投放操盘问题，包括视频发布、投放时机和目标、投放金额与效果	××分
助理	后台配合	产品上下架、库存播报、优惠券发放	××分

续表

岗位	复盘重点	关注细节	表现打分（1～10分）
客服	粉丝服务	福利说明以及可能存在的售后问题，直播过程中回答粉丝的提问	××分

为了便于进行人员复盘，建议将直播过程进行录屏，以待事后观看。

（2）产品复盘

对进入直播间的货品进行复盘，主要是分析直播间的选品逻辑是否合理，引流款、利润款、主推款的分配是否合理，过款流程的安排是否合理，产品的核心卖点提炼是否到位，直播间的货品展示是否清晰美观等。

产品复盘要做到以下几点：

第一，筛选出销售数据最好的商品，下一场直播增加库存或者增加类似款。

第二，筛选出用户最喜欢的商品，下一场直播继续作为福利款，以增加人气。

第三，筛选出退货率最高的商品，从下一场直播带货中移除。

（3）数据复盘

在直播结束之后，可先从直播后台中导出一份所需的数据，比如评论数、粉丝新增量、销量、用户画像等数据，与之前的直播数据做横向、纵向对比，找出数据背后所代表的具体类目。

主要从直播间停留时长、转粉率、老用户的活跃度等维度对数据进行分析。直播间停留时间越长，表示用户对直播间越感兴趣。转粉率就是进入直播间观看的新用户，在结束后有多少人转为粉丝，即从公域流量到私域流量的转化。老用户的活跃度表示已关注用户在直播间的活跃度，因为这些老用户的活跃度在一定程度上决定了直播的成交率。

我们在进行直播数据复盘的时候，要重点关注以下三个方面的数据。

第一，直播数据。

直播数据包含场次、日期、直播时长/小时、当场的PV和UV、粉丝流量占比、评论人数占比、在线人数峰值、平均在线人数、粉丝人均观看时长、新增粉丝数、转粉率。

其中，重点关注的数据如下：

①平均在线人数。这个数据直接决定了账号是否具有直播带货的变现能力，通常直播间平均在线人数达到100人左右，就具备了直播带货的基本条件。

②观看人次。观看人次是衡量直播间人气的关键指标。

③平均停留时长。反映直播内容是否有吸引力，一般取决于主播的留人能力和选品能力，一般平均停留时长超过2分钟就是优秀水准。

④互动率。反映了主播与直播间粉丝的互动、直播间的用户互动情况，是影响直播间人气的关键因素。一般互动比例达到10%就算是不错的数据，低于5%就要考虑对直播间的人、货、场进行优化。

⑤转粉率。反映直播间的拉新能力。优秀的主播能做到5%以上，与主播的个人能力、商品、场景、团队配合都有关系。

第二，电商数据。

电商数据包含成交人数、销售额、转化率、粉丝下单占比、UV价值、客单价。

其中，重点关注的数据如下：

①客单价。客单价反映直播间顾客的购买水平，产品的定价、销售策略、选品组合等均会影响客单价。

②成交人数。可用来评估直播间的流量价值和潜在客群转化情况。

③转化率。用来评估直播带货的效率，通常行业平均水平在2%～5%，好的主播能做到5%甚至10%以上。

第三，投放数据。

如果直播间有广告投放，一般投放的数据由负责投流的投手记录，包含消耗、订单数、GMV、流量、1分钟停留情况、ROI（GMV/投放金额）等。

（4）场景复盘

场景复盘相较于人员、产品和数据的复盘是比较简单的，主要是复盘直播间、场地布置、直播间背景、直播间灯光、直播设备、商品陈列等，对合理的地方继续坚持，对不合理之处予以改进完善，打造用户体验度更佳的直播间。

第九章

变现拓展：抖音官方支持的其他变现途径

运营抖音账号的终极目的是变现！

新手做抖音，务必具备变现思维，一定要抱着明确的变现目标来运营账号，有针对性地进行内容输出和引流吸粉，将变现问题前置，提升账号的价值和变现潜力，这样未来的变现渠道才会更广，变现之路才会更通畅。

1. 广告变现：每个博主都是广告主

广告和电商是抖音商业化的两大抓手。2022年，抖音核心广告业务带来的收入较2021年增长了250%，达到100亿美元左右。抖音已成为国内最大的互联网广告平台，第三方机构QuestMobile发布的统计数据显示，2022年1—10月，抖音、微信（朋友圈）、快手、今日头条、百度、微博App位居互联网广告收入占比Top6，其中抖音占比高达28.4%，微信（朋友圈）占比13%，快手占比12.6%。

平台广告蓄水池不断扩大，依附抖音平台的各路达人的广告收入也随之水涨船高，广告变现成了抖音达人最常见的一种变现模式，当账号在垂直领域积累到一定粉丝的时候，自然会有商家或品牌找上门邀请达人做广告推广。

抖音达人市场价格在每个粉丝1～3分钱。如果某达人有100万粉丝，做一条广告植入视频就是1万～3万元，1000万粉丝就是10万～30万元。以拥有2600余万粉丝的抖音高端探店网红“大LOGO”（如图9-1所示）为例，其巨量星图的广告报价为：1～20秒视频35万元，21～60秒及60秒以上视频50万元。

每个拥有一定粉丝量的达人都有自己的广告报价，这一报价主要根据达人自身的垂直度、接单能力，如视频的涨粉趋势、视频数据（视频完播率、点赞量、分享量、评论量等指标）、转化效果等，以及同类型达人接单情况、市场行业价格等多项因素来进行。

广告变现是抖音中最为常见的变现方式，达人可以与品牌方进行广告合作，从而获得一定报酬。品牌方也可以通过抖音平台找到合适的KOL（Key Opinion Leader，意思是意见领袖）合作，进行广告投放。

广告变现是抖音官方最认可和支持的变现方式，抖音广告变现的主要渠道包括以下几种：

（1）巨量星图

巨量星图是抖音官方平台开通的广告渠道，是商家和抖音达人之间的纽带。商家通过巨量星图发布广告任务，抖音达人可以选择合适的广告任务，根据商家的要求制作视频素材，商家审核通过之后便可发布，如后续未出现问题，即完成此次广告任务。抖音达人也可以在巨量星图上发布自己接广告的要求，等待商家前来接洽。

图 9-1 “大 LOGO”账号主页

第一，入驻条件。

抖音达人入驻巨量星图并无粉丝量要求，只要抖音账号内容调性健康、积极向上，符合抖音内容社区规范，即可入驻。

第二，开通任务。

入驻巨量星图时无粉丝量要求，但在开通具体任务时有粉丝量要求（见表9-1）。

表9-1 巨量星图任务类型及开通要求

任务类型	任务简介	开通要求
抖音传播任务	抖音传播任务由达人自行报价，客户自主在达人广场挑选达人下单，最终发布视频至达人抖音账号中，以达人自身影响力和内容创意，帮助客户进行产品宣传	抖音账号在抖音平台的粉丝量≥10万；内容调性健康合法
抖音图文任务	抖音图文任务为达人自行报价，客户自主在达人广场挑选达人下单，最终发布图文至达人抖音账号中，以达人自身影响力和内容创意，帮助客户进行产品宣传	抖音账号在抖音平台的粉丝量≥1万；近30天发布过2篇图文体裁内容；内容调性健康合法
抖音短视频投稿任务	短视频投稿任务是一种一对多的任务模式，由客户发起一个话题/任务，对应多位达人参与。达人根据客户的任务要求和结算规则（按播放量/按实际转化等），参与并制作视频进行投稿；任务周期结束后，在结果无异议的情况下，对应的达人将获得任务奖励	抖音账号在抖音平台的粉丝量≥1万；内容调性健康合法
抖音图文投稿任务	图文投稿任务是一种一对多的任务模式，由客户发起一个话题/任务，对应多位达人参与的任务类型。达人根据客户的任务要求和奖励规则参与并制作图文进行投稿；任务周期结束后，平台公布获奖结果；在结果无异议的情况下，对应的达人将获得任务奖励	抖音账号在抖音平台的粉丝量≥1000；内容调性健康合法
直播品牌推广任务	以直播形式进行推广，客户自主在达人广场挑选达人下单。此任务模式偏品牌宣传类的直播合作，不要求一定要挂购物车商品	抖音粉丝数≥1000；近14天内，开播场次≥3场且每场开播时长≥25分钟；近30天未出现账号违规、账号封禁违反社区规范的行为；直播内容/调性健康积极向上
直播电商带货任务	以直播形式进行推广，客户自主在达人广场挑选达人下单。此任务模式偏电商带货类的直播合作，要求必须挂购物车商品	抖音账号在抖音平台的粉丝量≥1000；已开通电商直播权限；内容调性健康合法

续表

任务类型	任务简介	开通要求
直播投稿任务	投稿任务是一种一对多的任务模式，由客户发起一个话题/任务，对应多位达人参与。直播投稿是指达人以直播形式参与客户发布的投稿任务，达人可以在开播时通过强互动性、高粉丝影响力进行效果转化率的推广，以便获得更高的收入奖励	抖音粉丝数≥1000；不限时间范围，开播场次≥4场且每场开播时长≥25分钟；近30天未出现账号违规、账号封禁、违反社区规范的行为；直播内容/调性健康积极向上

达人满足以上入驻条件后，可通过抖音App，选择“我”→右上角三道杠→“创作者服务中心”→星图商单→任务列表中查看对应的任务，可以参加移动端的变现任务。

如果达人已经积累了一定量的粉丝，客户在“达人广场”也可以搜索到合适的达人，主动发起合作邀约。达人广场有明确的筛选条件，如“达人报价”从2000元以下到10万元以上，共7个等级，内容涵盖各行各业，有30个一级标签，部分标签下还有细分标签，“筛选”里可选达人粉丝数，从10万以下到1000万以上共7个等级，15个达人风格可选。

第三，广告任务合作流程。

①在星图任务大厅发现感兴趣的任务后，可查看具体任务详情，同时可以决定是否接受来自品牌客户的指定广告任务。

②根据客户需求，构思创意并上传视频脚本，待客户审核后，方可进行视频制作。

③视频制作完成后，与客户确认即可发布。

④视频发布七天内若没有商家投诉并处于公开状态，即完成一则广告任务。

通常抖音达人可以通过视频贴片、冠名口播、形象代言、互动贴纸、发起挑战等各种巧妙的方式进行品牌合作营销。星图平台将不定期地根据达人/创作者的评分进行考核，保留未来继续合作或取消星图入驻资格的权利。

（2）新榜平台

新榜作为自媒体广告的服务商之一，与抖音平台进行合作并推出了连接品牌广告主和自媒体的功能“新抖”，有专门的“新榜商桥—资源对接平台”，达人、企业、媒介都可无门槛入驻，入驻之后可以展开合作。达人也可以免费发布自己的需求，等待商家接洽。

想在巨量星图和新榜得到关注，巨额粉丝量是基础，MCN机构看重的是账号的商业价值，品牌方会关注主播与品牌的匹配度以及知名度。

（3）非官方类广告

抖音星图是官方广告合作渠道，此外还有非官方广告渠道，即绕开星图平台，达人自己联系广告主。

非官方广告有一定风险，抖音对外部广告视频的审核很严格，打击力度较大。如果绕开官方平台接单，容易被系统判断为垃圾广告/过度营销，可能收到系统警告，甚至限流封号。

（4）小程序广告

在视频中挂小程序，通过视频内容吸引观众点击小程序，根据点击量及用户的停留时间来赚取广告费。

无论是哪种广告植入，都要考虑用户的观看体验，注意广告植入的技巧，尽可能做到无痕植入，如果做不到，则要尽可能提高视频的观赏性。

2. 电商变现：卖货变现的四大途径

抖音上电商变现的途径主要包括直播带货、短视频带货、商品橱窗和团购带货四种。要实现短视频带货、商品橱窗带货和团购带货，需要开通电商带货和团购带货两大权限。

（1）开通电商带货权限

抖音电商带货权限是指用户在抖音平台获得的短视频购物车、达人推荐橱窗、直播间添加商品的权限。获得该权限的用户可以在抖音售卖自家商品或带货。

第一，开通电商带货权限的流程及所需资料。

打开抖音App，选择“我”→右上角三道杠→“创作者服务中心”→“电商带货”→“去认证”。

其中，达人认证适合自己无货源未开店，帮其他商家带货。

开通电商带货权限共分三个步骤（见表9-2）。

表9-2 电商带货权限开通步骤

步骤	详情
步骤1:开通商品橱窗	需要核对自己是否符合开通权限资格。必须满足以下四个条件： （1）公开发布视频数≥10条； （2）抖音账号粉丝数量≥1000； （3）抖音账号进行过实名认证； （4）交纳作者保证金
步骤2:提交带货资质	带货资质是指在开通抖音电商时所使用的身份资料信息，可以使用个人身份证、个体营业执照、企业营业执照，若在抖音其他业务如企业号/千川进行过资质认证，则要求与其他业务资质主体保持一致

步骤	详情
步骤3:开通收款账户	开通收款账户是指需要有银行账户来进行佣金结算，如未开通收款账户，平台将无法进行佣金结算。在开通电商权限时，必须开通收款账户

第二，填写带货资质。

带货资质类型分为个人、个体工商户、企业三种，所需提供的资料各不相同（见表9-3）。

表9-3　不同资质带货类型开通要求

资质类型	是否支持对公结算	准备资料	资质认证要求	注意事项
个人	不支持	清晰的身份证正反图片、个人银行卡号	必须与抖音实名认证保持一致	注意！资质认证环节上传的图片大小必须在2MB以下
个体工商户	支持	公司名称、统一社会信用代码、营业期限、经营地址、清晰的营业执照照片、经营者姓名、经营者身份证号码、证件有效期、身份证正反图片、个人或企业银行卡号、开户行、开户支行	必须与抖音实名认证保持一致，如进行过企业号/千川认证，则会再次使用企业号/千川资质，如资质不一致，则需要注销对应资质	
企业	支持	公司名称、统一社会信用代码、营业期限、经营地址、清晰的营业执照照片、法人姓名、法人身份证号码、证件有效期、法人身份证正反图片、企业银行卡号、开户行、开户支行	无限制，可以与抖音实名认证不一致。其中独资企业需要与抖音实名认证保持一致	

资质类型一旦选择并提交资料完毕，就不能修改，因此要谨慎选择。平台将在1～3个工作日内进行审核，如资料信息审核通过，请进行账户验证操作。审核不通过，修改资料后可以重新提交。

第三，资质审核后进行账户验证。

账户验证有两种方式（见表9-4）。

表9-4 账户验证方式

实名验证	打款验证
第一步，填写经营者/法人个人名下的银行卡号。 第二步，输入银行预留手机号，填写验证码。 第三步，完成验证	第一步，填写企业对公银行卡号。 第二步，选择开户银行。 第三步，选择开户支行所在地。 第四步，选择开户支行。 第五步，等待打款验证。 第六步，平台已打款，待回填金额。 第七步，完成验证

第四，账户验证通过后开通收款账户。

开通收款账户步骤如下：

填写开户信息，等待开户资质审核，开户审核需要1～7个工作日。微信开户时需要使用实名认证的微信扫码完成签约。扫码签约后，约2小时完成开户，请勿重复扫码。

其中，微信开户审核时间为3～7个工作日，提交微信开户申请即可添加商品带货，微信开户在审核过程中不影响用户支付和佣金、货款结算。

第五，账号开通后进行添加商品操作。

电商带货权限开通后，可以将抖音小店中的商品添加至抖音账号主页的商品橱窗，显示为“进入店铺”（如图9-2所示）。

如果自己没有货源和抖音小店，可以在精选联盟里挑选合适的商品上架至账号主页的“进入橱窗”（如图9-3所示），赚取佣金。正常商品橱窗里商品的佣金比例为30%～70%（抖音平台要抽成10%，淘宝要抽成6%，剩下的归带货达人）。

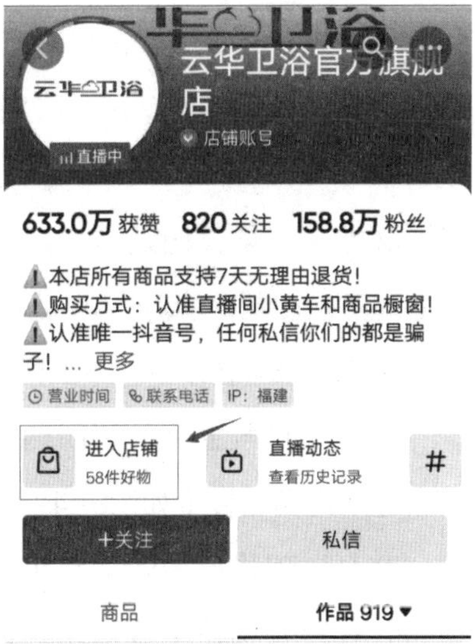

图9-2 抖音账号主页的“进入店铺”

（2）开通团购带货权限

图 9-3 抖音账号主页的“商品橱窗”

团购功能主要服务于餐饮业、酒店业、旅游业等行业的本地商家。通过认证的企业号商户，创建团购活动并添加至视频中后，即可在抖音平台与用户进行商品或服务交易，用户浏览视频时可以看到团购活动，边看边买，快速下单（支持的团购类型包括“物流配送”和“到店核销”两种）。

开通步骤为：进入抖音App后，由“我”→三道杠→“企业服务中心”路径进入抖音App端的企业后台，依次点击“团购活动”→“团购活动管理”→“我是支付宝企业用户，申请开通”，即可开通创建新的团购活动。

达人（个人账号）也可以申请开通团购带货权限，步骤如下：

①在抖音首页，点击“搜索”。

②搜索团购达人，点击“团购达人成长中心”。

③点击“申请团购带货”，申请通过后即可挂团购链接。

个人账号可在以下入口上团购链接：

①可在账号主页的“团购推荐”中发布团购商品链接（如图9-4所示）。

②可以创建与团购活动相关的抖音视频，在视频描述中添加团购链接（如图9-5所示），让用户点击购买。

图 9-4 抖音账号主页的“团购推荐”

图 9-5　抖音视频内容中的团购商品

③可在直播中发布团购链接，让用户点击购买。

3. 导流变现：线下门店引流POI变现

POI是英文Point Of Interest的缩写，中文意思为兴趣点。抖音POI可以简单地理解为兴趣标签、入口。

对抖音企业号而言，POI是一个地理位置，抖音企业号享有唯一认领POI地址的特权。

在抖音视频中，POI的展示形式是一个定位图标，企业商家认证抖音蓝V后认领POI，在账号的首页就可以看到商家的门店地址图标，点击进去就是商家的具体门店位置，可设置商品推荐、优惠券、店铺活动信息等，同时，用户可以看到该定位地址下的视频内容。

POI不仅可以展现在抖音账号主页，而且可以挂在视频中，每一次展现、每一次点击都意味着一次向线下门店引流的机会。

当商家开通企业号后，就可以认领门店POI，在手机端和电脑端都可以进行。如果需要认领多个门店的POI，则需要在电脑端进行，输入网址e.douyin.com/site/，然后扫码登录，按提示步骤申领即可。

门店通过抖音往线下引流变现表现在以下三个层面。

（1）引顾客

抖音短视频能为线下门店带来可观的客流。

2018年1月，西安永兴坊美食街一家店铺策划了一场“摔碗酒”活动，在抖音上引爆了流量和传播，在被广泛分发推荐的抖音视频中，伴随中国风的背景音乐，“好汉”端起一碗黄酒，一饮而尽，随后将碗痛快摔碎。一个短短的抖音视频引爆了大众的热情，游客纷纷涌向“摔碗酒”的摊点，也想体验一把好汉的感觉。

新奇的摔碗活动形式首先吸引了路过客流，现场照片、视频被再次广为转发，形成二次、三次传播热潮，迅速火爆全网，给商家带来了大量关注和客流，一时间，该店家成为闻名全国的网红店。高峰时期，售价5元的酒，该店每天都能售出数千碗，店内生意也被带火。

抖音短视频不仅带火了“摔碗酒”店铺，而且附近小吃一条街也火爆了起来，成了著名的网红打卡景点之一。

“摔碗酒”这一爆点在抖音上被完美引爆，为线下商家带去了庞大的客流。

（2）引学徒

在抖音，有很多知识博主都是通过引流到微信，收徒挣学费。除此之外，收学徒模式也非常适合线下门店，尤其餐饮、小吃类的门店。

招学徒宣传入口主要有以下两个：

第一，账号主页。

可在账号主页标签栏注明收徒信息，通过私信引流（如图9-6所示）。

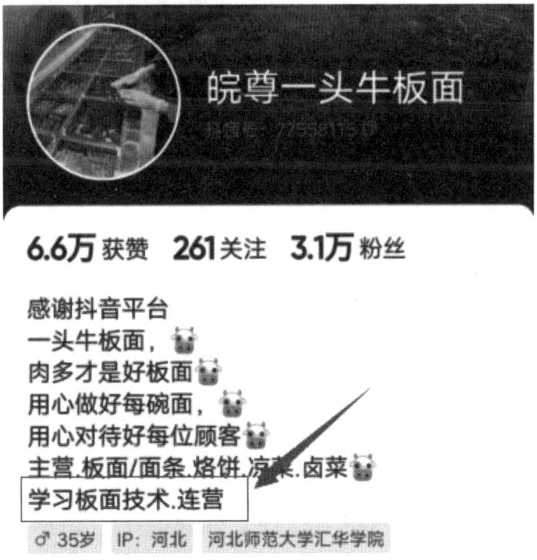

图 9-6 “皖尊一头牛板面”主页引流信息

第二，直播引流。

最主要的引流场景为直播（非带货直播），可在直播间展示门店产品制作过程、门店客流情况等现实场景，以此来吸引学徒，通过收学费来变现（如图9-7所示）。

图 9-7 “皖尊一头牛板面”直播间引流信息

（3）引加盟商

对于连锁品牌，抖音也是一个招商的理想平台，可以吸引加盟商加盟，实现门店扩张。

2018年1月，一个ID为“AnswerTea答案茶 秋涵”的抖音用户上传了第一条视频，视频主角是一杯会“占卜”的套路戏精奶茶，无论你有什么问题，揭开杯盖顶部贴纸，答案就会浮现。

视频中，秋涵对着一杯奶茶问：“奶茶，你说我除了长得美，还有点啥不？”

掀开瓶盖，答案浮现：“一无所有。”

这一条视频收获了40万+的播放量，隔天，视频播放量更是直冲883万，获赞24万，评论区被“求加盟”“求答案”的信息刷爆。当时尚未运营实体店的秋涵和她的合伙人见状，做出了开店的决定。

1月13日，答案茶第一家门店在郑州开门迎客，门口的顾客排起长龙，消费者先将一个自己困惑的问题写在杯子的腰封上，待所点的奶茶做好后，店员在拉花机的摄像头前扫描顾客的问题，让拉花机把问题的答案印在奶茶奶盖上。最后，店员加杯盖遮住奶盖，套上腰封。消费者揭开杯盖时，属于自己的答案就随之浮现在眼前。

仅仅4个月时间，答案茶便凭34条抖音小视频，收获了35万粉丝及117万点赞。

高峰时，答案茶一天接入8000通加盟咨询电话，短时间内便开了200多家加盟店。

4. 探店变现：适合新手的变现模式

探店变现模式比较适合本地账号。例如，杭州有一家名为神秀科技的新媒体公司，公司十几名成员全都是“90后”“95后”，对时尚和流行趋势比较敏锐。公司主要做抖音本地号，前期由团队成员自主去扫街、找店、探店，拍摄短视频上传至抖音号，积累本地粉丝。短短大半年时间，该团队在抖音平台打造了6个本地号，收获了500余万粉丝。

有了粉丝基础，该公司开始找线下商家进行推广和引流合作，开展本地探店业务。团队每周都有一个选题会，集中讨论确定好选题之后，再联系商家，达成合作意向后，前去现场试吃、拍摄，最后剪辑配音，制作成短视频发布至本地抖音账号。

有资格被列入选题会讨论的商家要具备“爆款潜质”：首先，产品和服务要经济实惠，性价比高，比如当地有一家洗浴中心，泡澡、汗蒸、自助餐，再加上住太空舱，全部项目89元就能搞定；其次，店铺在小范围内要有较好的口碑；最后，也是最重要的一点，就是要满足“新、奇、特”的属性。

例如，当地有一家经营独食小火锅的餐厅，在该团队看来就非常符合上述爆款潜质。他们找到店家后，后者欣然同意了他们的推广合作。

很快，一条题为《越吃越单身，独食小火锅》的短视频在抖音上发布且上了热门，成了爆款，总播放量达500万，点赞量接近20万。同时，大量本地粉丝闻讯纷纷前往小火锅店打卡、消费，门店流量被引爆，火爆之势让同行嫉妒。

据了解，该商家付出的广告费大约为2万元，相当于每250次播放量的价格为1元，且引流效果极佳，为门店带来了数十万元的营收，不仅赚到了经济利润，而且带红了门店，其潜在效益无法估量。

（1）探店合作模式

探店主播同实体店的合作模式主要有以下三种。

第一，有偿推广。

俗称“充值”探店，大多是一口价模式，具体收费标准根据所处平台、粉丝量和垂直度来定。以某省会城市为例，100万粉丝的抖音账号探店合作费用大致为8000元，50万粉丝左右的账号合作价格是5000元，20万粉丝左右的合作价格是3000元，10万粉丝左右的合作价格是2000元。

第二，直播模式。

网红可以在店里做直播，比如在餐厅边品尝特色菜边直播，以起到引流的作用。某直播间最高观看人数可以达到5000人左右的网红，其收费标准为每直播1小时收费1万元。

第三，团购分成。

平台邀请商家入驻后推出团购套餐，而博主可以在探店视频中贴上团购套餐链接，用户购买、使用套餐后，探店达人即可获得一定比例的提成，根据店家的不同类型，佣金比例一般为2%～15%。

（2）探店合作注意事项

探店类内容各方面的成本和制作门槛较低，为了确保探店模式的推广效果，要注意以下几点事项：

第一，避免虚假宣传。

为避免虚假宣传，要事先在合作协议中做出限制，防止夸大宣传，以免为达人带来负面口碑。

美食爱好者子琪在抖音上看到一位本地美食达人发布的一条日式火锅店的探店视频，菜品丰盛、肉质鲜嫩，令人垂涎欲滴，且两人份套餐只需不到200元即可“吃到撑”。博主大快朵颐，一副陶醉其中的神情瞬间勾起了她的食欲。

子琪立即约朋友一同去那家火锅店品尝，但体验过后却大失所望，不仅菜品种类少，牛肉的口感更是不敢恭维，分量也与博主所示的大相径庭。“这是同一家店吗？怎么反差如此巨大？”子琪大呼上当。

虚假宣传引发的负面效应和信任危机会严重蚕食达人形象，也会影响商家的口碑。另外，这种负面情绪还会通过消费者的朋友圈进一步传播、放大。

第二，平衡观赏性与商业性。

探店类内容要明确做内容的初心，知道“内容≠广告片”，不能为了商业植入而忽视探店内容本身的观赏性、创新性。单一的广告性内容很难让粉丝与博主产生共鸣。

第三，服务和产品是根本。

网红探店的作用是利大于弊，前提是要选择拥有良好产品与服务的商家，并要求做好流量承接，给消费者提供优质的到店体验，避免给网红带来负面效应。

第四，推广结束，评估效果。

探店推广周期结束后，要在一定时间段查看分析传播数据，总结转化效果，积极从推广用户和粉丝中收集意见，及时进行总结。如果传播效果与转化都不错，可以为后续的合作打下良好基础；如果效果尚可，但未能达到预期效果，要从中不断积累经验，做好总结，以便下次实现更完美的推广。

5. 抖音官方支持的更多变现途径

除广告变现、电商变现、流量变现和探店变现外，抖音官方允许的变现途径还包括以下几种。

（1）直播赚音浪

此类直播为非带货直播，多为才艺直播，主播要么有才艺，要么有口才，要么有颜值，要么有流量（流量型明星）。主播通过直播分享一些有趣、有料、有价值的内容，粉丝给主播打赏音浪，主播再通过音浪进行变现。

这里需要了解两个概念：抖币和音浪。

抖币是抖音系统中粉丝在打赏时的计量单位，它不能直接提现为人民币，但需要以人民币的形式充值。1元人民币可以兑换10个抖币。如果粉丝打赏，需要用抖币来购买相应的礼物。例如，一个价值5200抖币的礼物，粉丝需要充值520元，先获得5200个抖币，才能购买这一礼物。

粉丝将价值5200抖币的礼物打赏给主播后，主播就获得了5200个音浪，音浪可以兑换成人民币，兑换比例为10：1，即5200个音浪可以兑换为520元。音浪兑换成人民币之后，就可以提现，这是打赏变现的逻辑。

打赏收入通常是个人主播和平台进行五五分成，即平台要抽去50%的打赏收入。

（2）“中视频伙伴计划”

成功加入“中视频伙伴计划”后，需通过西瓜创作平台、西瓜视频App、抖音App（1880 及以上版本，开启同步至西瓜视频和今日头条）、抖音App内西瓜视频小程序、剪映中西瓜视频发布的原创横屏视频（时长≥1分钟），在西瓜视频、抖音、今日头条产生的有效播放均可获得创作收益。如视频通过其他非以上列举方式发布，则无法获得抖音渠道的收益。

需要注意的是，只有在发布视频时声明原创，才可获得创作收益。

加入“中视频伙伴计划”后获得的收益可在西瓜创作平台、西瓜视频App、抖音App（1880及以上版本，开启同步至西瓜视频和今日头条）、抖音App内西瓜视频小程序进行查看。

收益的提现需要在每周四9～23点，通过西瓜视频App中打开“我的—钱包—创作收入”进行操作。

（3）做任务

抖音App后台有“变现任务中心”，可通过做任务来变现。打开抖音App，选择“我”→右上角三道杠→“创作者服务中心”→“变现任务中心”，可看到其界面（如图9-8所示）。

图9-8 抖音后台“变现任务中心”

其中，“做任务”栏目下有游戏发行人、全民任务、小程序推广计划、星图、团购带货、音乐宣推等具体的任务项目；“去带货”栏目下有选品广场、课程分销、合作邀约、样品任务等项目；“Dou测评”栏目下则有众测任务和买样返款等任务。

可根据账号定位和任务方的具体要求去完成任务，获得现金奖励或其他奖励。以“游戏发行人”栏目中“文字的世界”任务为例，其任务要求如下：

第一，任务周期内，单游戏每人每天限领取五次。超额领取任务不予结算费用。

第二，视频画面上方需标注有显眼的“文字的世界”完整游戏名称，视频内容需围绕“文字的世界”游戏画面进行制作。

第三，视频发布需使用话题#文字的世界。

完成该任务最多可获得1500元的现金奖励，右边截图中这个视频（如图9-9所示）就获得了1500元的任务奖励。

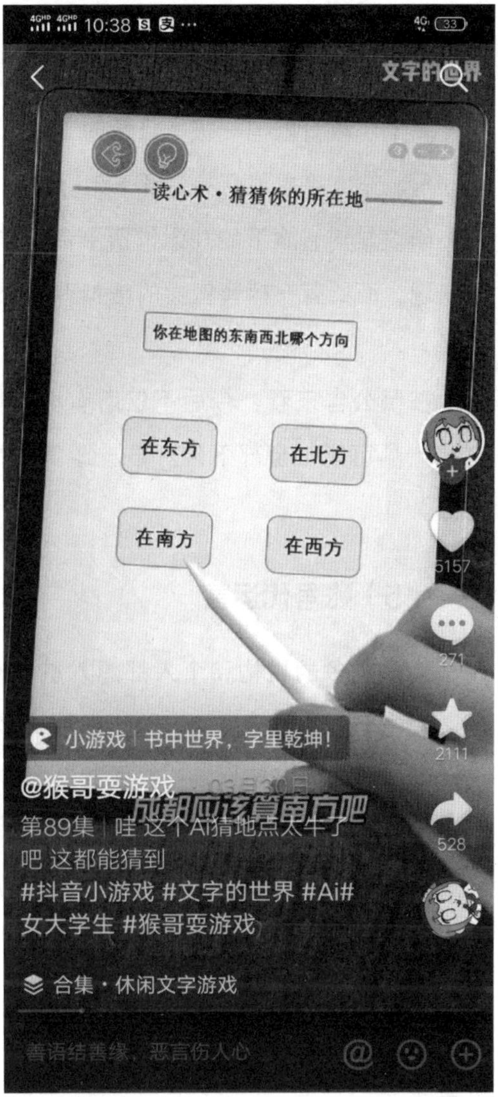

图 9-9 “文字的世界”任务视频

（4）知识付费

很多有知识、有经验的主播通过拍抖音火了之后，纷纷将自己的内容、技能、干货制作成音视频课程或打包成专栏，上传到知识主页进行售卖。

《2021抖音泛知识内容数据报告》显示，泛知识内容播放量占平台总播放量的20%，同比增长74%，抖音成了一个很重要的知识传播平台。不少人也在抖音知识付费中看到了蓝海，更诞生了一些通过知识付费课程实现

100万元、1000万元收入的大V。

不过，2023年3月23日，抖音和学浪（抖音的知识付费平台）先后发布了《关于〈教育培训一级类目暂时下线〉说明公告》，宣布将教育培训、生活娱乐、充值等虚拟商品全部下架。

学浪是抖音旗下的知识付费平台，帮助创作者通过在抖音获得课程推广和变现。而所有在抖音售卖的虚拟课程都需要经过抖音学浪上架、交易、观看学习。

按照公告来看，今后不仅所有教育培训产品不可在抖音上架，而且现有的产品可能被全部下架。这一政策的出台为知识付费的前景蒙上了一层阴影。

（5）账号代运营

越来越多的机构和个人都想入驻抖音，实现流量变现和品牌传播的目的，但由于能力或精力的问题，很难持续生产或者达到预期效果。于是抖音代运营的服务应运而生——专业团队（或个人）代替他人运营抖音账号，目前已经成为一种职业。代运营分为全代和半代两种模式。

全代是指包办全部运营工作，包括账号注册、构建人设定位、搭建矩阵、输出脚本、拍摄视频、剪辑后期、维护账号、运营粉丝，以及变现转化等整个流程。

半代一般是对方已经有了账号，只需要完成持续生产、运营或变现等部分工作。

有抖音运营经验的团队或个人就可以通过账号代运营的模式来变现。